中 国 当 代 美 学 前 沿 丛 书 （第一辑）　　　　潘知常｜主编

略说实践存在论美学

朱立元　著

百花洲文艺出版社
BAIHUAZHOU LITERATURE AND ART PRESS

图书在版编目（CIP）数据

略说实践存在论美学 / 朱立元著. -- 南昌：百花洲文艺出版社，2021.7
（中国当代美学前沿丛书 / 潘知常主编）
ISBN 978-7-5500-4287-2

Ⅰ.①略… Ⅱ.①朱… Ⅲ.①美学 - 研究 Ⅳ.①B83

中国版本图书馆CIP数据核字（2021）第113602号

略说实践存在论美学

朱立元　著

出 版 人	章华荣
策划编辑	章华荣
责任编辑	周振明
书籍设计	方　方
制　　作	何　丹
出版发行	百花洲文艺出版社
社　　址	南昌市红谷滩区世贸路898号博能中心一期A座20楼
邮　　编	330038
经　　销	全国新华书店
印　　刷	江西千叶彩印有限公司
开　　本	720mm×1000mm　1 / 16　　印张　12.5
版　　次	2021年7月第1版
印　　次	2021年7月第1次印刷
字　　数	140千字
书　　号	ISBN 978-7-5500-4287-2
定　　价	39.80元

赣版权登字　05-2021-215

邮购联系　0791-86895108
网　　址　http://www.bhzwy.com
图书若有印装错误，影响阅读，可向承印厂联系调换。

总　序

1994年，巴菲特在一次股东大会上说："Only when the tide goes out do you discover who's been swimming naked."这句话，国内一般翻译为："只有当潮水退去的时候，才知道是谁在裸泳。"

"知道是谁在裸泳"，当然也是编撰"中国当代美学前沿丛书"的目的。也因此，在筹备之初，我就写下了这样一段话："丛书不分亲疏，不论学派，不看头衔，不比项目和获奖，一切以当代美学史上的'首创'与'独创'成果为入选标准，力争讲好中国当代美学的故事，力争描绘出经得起历史检验的当代中国的美学地图。"而在丛书的第一辑，经过多方征求意见，最终选择的则是缘起于20世纪50年代、新时期的最初十年曾经一统当代中国美学天下的实践美学，以及新时期以来涌现出来的最具创新意蕴的四家美学新学说，以出现的时间为序，它们分别是：情本境界论生命美学、主体间性超越论美学、新实践美学和实践存在论美学。为此，我要衷心感谢张玉能、朱立元、杨春时、徐碧辉等几位美学名家在百忙中的鼎力相助。

遴选的标准是"首创"与"独创"，也就是"原创"。这也许会令一些人不习惯。因为相当一段时间以来，人们已经习惯了以学会头衔、学校职务、荣誉称号、重大项目、核心期刊乃至获奖等来判断学术贡献，"著书立说"都逐渐不再是学术地位的评价标准。甚至，为了保护自己的既得利益，偶尔我们还会看到个别人明里暗里地对"著书立说"冷嘲热讽。然而，这实在是极不正常的，而且也已经阻碍了美学的健康发展。当前的"破四唯"，应该说就是对此的及时反拨。美学的尊严从来都是靠独立思考、靠原创赢得的。于他人不思处思，于他人不疑处疑，反思、拷问、批判、创造，虔诚地"听"，也勇敢地"说"，一直都是美学之为美学的立身之本。因此，美学也就必然是高难度、高风险的，必然是"子革父命""太阳每天都是新的"，更必然亟待思想的登场、智慧的登场。创造性地提出问题，创造性地解决问题，以自己的独立思考去提出问题，以自己的独立思考去解决问题，"让思想冲破牢笼"，让原创的星星之火、"首创""独创"的星星之火终成燎原之势，都无疑正是美学研究中的必然与必须。在这个意义上，明里暗里地对"著书立说"冷嘲热讽，则应该说恰恰暴露了原创方面、"首创""独创"方面的先天恐惧。然而，没有人能够两次踏入同一条美学的河流。不敢去正视这一点，就会把美学研究异变为教科书式的、流水线式的研究。如此一来，美学的眼睛不再是长在前额的，而是长在脑后了。抄标准答案，不敢越雷池半步，心甘情愿地成为美学卫星、美学流星，成为不会说话的美学哑巴，或者成为随风摇摆的墙上芦苇，什么课题都敢接，什么课题也都能做……以至于"古人、洋人研究美学，而我们只研究古人、洋人的美学"竟俨然成为一时之风范。尤其是利用外文资料进入国内学术界的时间差去抢先引经据典，拾几句洋人的牙慧，快速制作出"一杯水加一滴牛奶"式的稀释的学术论著，这种做法更是屡见不鲜。因此，"著名"而不"留名"，也就成为一种常见的莫名尴尬。可是，作为美学大国，为什么就不能建立自己的美学自信？为什么不能去鼓励中国的美学家发出自己的声音？为什么离开古人和洋人就不会说话甚至不敢说话？诸如此类，亟待引起我们的深层思考。

除了"著书立说"，还可能引起争议的，是"开宗立派"。然而，这实在是把美学常识变成了美学雷区。不知从何时开始，在中国的特定语境中，"派系""派别""某某派"都有意无意地被涂抹了一层厚厚的负面色彩，因此，"开宗立派"也就成为某种禁忌，"不立学派"，甚至成为某些学者的一种自我表扬的方式。然而，这实在是对于美学作为一种人文学科的特殊存在方式的隔膜。其实，"著书立说"的极致，就是"开宗立派"。"著书立说"与"首创""独创"亦即"原创"一脉相承，"开宗立派"更是与"首创""独创"亦即"原创"一脉相承。这是因为，美学派别的存在以及美学派别之间的否定，都是美学得以存在的基础，更是美学学科成熟的标志。美学一定是有派别的，一定是各有所是、"自以为是"的。美学只能在派别中存在，美学派别以外的一言九鼎的美学根本就不可能存在——除非它是平庸的美学、虚假的美学、为了职称项目奖励头衔的美学等。而且，号称万能公式、灵丹妙药、包治百病的美学一定是虚假的。也因此，但凡崇尚"首创""独创"亦即"原创"的美学家都必然会发动一场前所未有的哥白尼式的革命，也必然会是对于另一旧派别的美学主张的颠覆，这是毫不奇怪的。"他们全都坚信，他们有能力结束哲学的混乱，开辟某种全新的东西，它终将提高哲学思想的价值。"①也因此，"首创""独创"亦即"原创"的美学学说以美学舞台为黑格尔所谓的"厮杀的战场"，毅然认定只有自己才找到了"庙里的神"，毅然认定只有自己的美学才是唯一的美学，因此而不惜互相批判、互相讨伐，这都是十分正常的。而且，美学的自我批判也正是借助于此才得以完成的。叔本华说，哲学就像一个"多头怪物"，十分精彩。也因此，尊重美学派别的存在，鼓励美学派别的存在，应该被视为一种起码的也是必不可少的学术伦理。

何况，没有学派，必有宗派、帮派。大凡竭力反对美学派别者，往往都是在暗自庇护着自己由此而得利的公开的或隐秘的学术江湖。更不要说，在美学界，门派林立早已是无可辩驳的事实。可是，既然门派林立是被公开鼓励的，那么作为美学发展之必然的学派为什么就不被允许？须知，学派从来都是门派的必然补充，也是门派不至于走向宗派、帮派的必然保证。门派、学派共存，才是美学界期待看到的良好局面。更不要说，派别林立还是中国当代美学发展的基本经验与宝贵财富。在20世纪50年代，中国当代美学正是从美学四派的确立发端的。它意味着：美学派别在美学学科的发展中起着关键作用其实早已成为共识。无论是否使用"美学学派"称谓，美学学派的产生显然都应该是美学学科走出万马齐喑、走向百花齐放的关键性指标。这样看来，美学学科的成熟，一定首先

---

① M.石里克：《哲学的未来》，叶闯译，《哲学译丛》1990年第6期。

是美学派别的成熟，舍此别无他途！因此，就美学派别而言，有，比没有好；多，也比少好。这是一个根本问题，绝对来不得半点含糊！而且，提倡"著书"，就更要提倡"立说"；保护门派，也更要保护学派、流派。当然，在诸家诸说之间，都应该以尊重他者的存在作为前提。它们彼此之间是合作的关系，不应该老死不相往来。只有宗派、帮派彼此之间才会是你死我活的关系。学派之间也不是输赢、对错的关系，而是互补双赢的关系。戴着偏光镜，具有特定理论偏向，是美学派别的特征。美学派别就是一个被偏振过滤的世界，只看到了自己想看到的以及能看到的。关键是要有理有据、合理合法。自以为是地将美学学派的思考斥为"虚妄""没有价值"，从而对别人的工作横加指责，以至于"光武故人"摇身一变而为"瑜亮情结"，都是极为不妥的。其实，正是学派之间的反向积累、互相补足，才促成了美学学科的相对均衡的良性发展，使得美学学科具有和而不同的良性发展与弹性空间，不至于单调枯萎，不至于一家独大，因此，要宽容地对待各学派成员内部的经常性的学术互动，宽容地对待各学派为自己学派的摇旗呐喊。只要是实事求是的而非自吹自擂的，一切就都是符合学术规范的。不必去过分解读，更不必做诛心之论。因为，"中国气派的当代美学"，只能从学派林立的中国当代美学中涌现出来。摆脱"唯西方独尊"和"西方美学本土化"的尴尬，乃至进入"中国美学世界化"的康庄大道，也只能在学派林立的中国当代美学中实现。

当然，美学学派从来都不是自封的。沙砾还是金子，不能靠"扯旗抱团"的办法来检验，而应该历经冲刷筛选。在这个方面，时间才是过滤器。以二十世纪五六十年代美学大讨论为例，一般认为，这场讨论以朱光潜的自我批判文章《我的文艺思想的反动性》在1956年6月的《文艺报》发表作为标志，持续时间长达九年。但是，美学四派的概括，却是等到实践美学的主要代表之一蒋孔阳先生在1979年写的《建国以来我国关于美学问题的讨论》一文的出现才逐渐得到了包括当事人在内的广泛认同，并且流传至今。其间，已经走过了二十三年的历程。即便是刨除"文革"时期，也已经走过十三年的历程。再看实践美学，则甚至连自己的名字都是被后人追认的（一般认为是李丕显在1981年提出的，参见他的《为建立实践观点美学体系而努力——初读李泽厚的〈美学论集〉》，载于《美学》第3卷，上海文艺出版社1981年出版），这已经是二十五年以后。即便刨除"文革"的十年，也是在十五年以后。至于提出者本人，李泽厚是在2004年才接受"实践美学"这个称谓的。再看本丛书所收入的情本境界论生命美学、主体间性超越论美学、新实践美学和实践存在论美学这新时期美学新四说，它们究竟是不是新时期美学新四派，这里我暂不去论及，但是它们都堪称认真的学术探索，却是无可置疑的。起码，它们问世全都已经超过了十三年，时间长的则已经三十六年，时间短些的也已经将近二十年。并且，它们都早已成为美学界的专有名词，有了独立的生命。可以认定，它们也都已经获得了学界后人的拥护。思想的深刻、思想的魅力乃至思想的穿透力，在它们之中都是显而易见的。而且，也因此，在这个方面，事后去过度猜测"开风气之先"的美学学者的"扯旗抱团"动机，显然也是不公正的。其他美学学者暂且不论，就以我本人为例，我是在1985年提出美学研究应当以"生命"为现代视界的，距今已经三十六年，而真正写出《生命美学》则是在1991年。而且，只要了解当时的情况的美学界同人就都知道，在三十六年前，在二十世纪八九十年代，提出生命美学而且不惜与主流美学"对着干"，是找不到人跟自己"扯旗抱团"的，还反倒是自谋绝路、自我隔离，意味着与项目、获奖、学术头衔、学会职务等背道而驰。更不要说，2000年以后，我本人甚至完全离开了美学界十八年之久，因此也就更谈不上"扯旗抱团"了。坦率而言，"吾爱吾师，吾更爱真理"，应该是我本人一直以来的心声。我相信，这也应该是从二十世纪五六十年代迄今所有勇于提出美学新说的美学学者的心声！

还需要说明的是，当下的美学界百花齐放、姹紫嫣红，应该是有史以来最好的时刻。崛起中的美学新学说甚至美学新学派也不只是我们在丛书第一辑中所收录的除实践美学之外的这四家四说，还有生态美学、环境美学、生活美学、身体美学以及中外美学、文艺美学、西方马克思主义美学等方面的名家名说。但是，不论是就"首创"来看，还是就"独创"而论，这诸家诸说却很难出于这四家四说之右。最早完成了从一般本体论到基础本体论的转向的，毕竟是这四家四说（尽管它们内部还有时间早晚的不同），这应该是不存在争议的美学事实。中国当代的第三次美学大讨论，也主要是在这四家四说中展开的，这应该同样是不存在争议的美学事实。生态美学、环境美学、生活美学、身体美学以及中外美学、文艺美学、西方马克思主义美学等方面的名家名说，则大多都是在这个本体论转向的影响下出现的，因此在时间上也都晚于这四家四说，而且，其"首创"和"独创"的价值也主要是在门类美学的意义上。因此，立足于尊重"首创"和"独创"这一学术史考察的学术伦理底线，也意在鲜明区别于某种以亲疏、门派、头衔、官职等为标准去"乱点鸳鸯谱"的不良做法，我们在第一辑率先收录了除实践美学之外的这四家四说。至于生态美学、环境美学、生活美学、身体美学以及中外美学、文艺美学、西方马克思主义美学等方面的名家名说，如果有可能，当然理应在后面几辑中隆重推出。

最后，再次感谢张玉能、朱立元、杨春时、徐碧辉等几位美学名家的辛勤工作，感谢百花洲文艺出版社执行董事章华荣先生的大力支持，也感谢各位责任编辑的积极努力。

1998年，是北京大学的百年诞辰。张世英先生曾经感叹：可惜现在北大最缺乏的是学派的建立，如果北大不仅名家辈出，而且学派林立，那才具有"大校风采"和"大家气象"。

我要说，对于美学界，这也是我们的期望：如果我们的美学界不仅名家辈出，而且学派林立，那才具有"大国风采"和"大家气象"！

是为序。

潘知常

2021年6月1日，南京卧龙湖，明庐

目录

第一章　我为什么走向实践存在论美学？

十多年前，笔者曾经写过一篇《我为何走向实践存在论美学》[①]。但是，时过境迁，笔者觉得有一些新的想法要补充。本章就是在原文的基础上，做了较多的调整和修改完成的。

进入21世纪以来，中国当代美学出现了多元展开的新局面：一方面，实践美学与后实践美学之间以及它们与同时批评这两种理论的观点之间展开了多层次的论争；另一方面，各派都有一些学者在努力做一些建设性的工作，尝试按各自的思路建构比较系统的美学理论，特别是新实践美学[②]影响较大。正是在这一学术背景下，作为众多建设性尝试中的一种，笔者提出了实践存在论美学的构想。学界有人把实践存在论美学也归入新实践

[①] 刊载于《文艺争鸣》2008年第11期。

[②] 以张玉能的"新实践美学"、邓晓芒和易中天的"新实践论美学"、徐碧辉的"实践生存论美学"等为代表。

美学之中，笔者虽然并不反对，但是也觉得不完全合适。不过，这并无大碍就是了。笔者并不认为这一构想已经很成熟，只是自认为实践存在论美学比起现有的四大派美学，包括以李泽厚先生为代表的实践美学，在某些方面有了一些推进，也许可以成为今后建设当代中国美学理论的众多可供参考的思路之一。本章想着重谈一下笔者是为什么以及如何走向实践存在论美学的。

一、从实践美学到实践存在论美学

众所周知，二十世纪五六十年代的美学大讨论，围绕美的本质问题，形成了当代中国美学四大派：以吕荧、高尔泰为代表的主观派美学，以蔡仪为代表的客观派美学，以朱光潜为代表的主客观统一派美学，以及以李泽厚为代表的客观社会派美学。[①]四大派在"文革"后或多或少都有发展，特别是通过学习、研讨马克思《1844年经济学哲学手稿》（以下也称《巴黎手稿》《手稿》）后，除了客观派以外，其他各派原有观点都发生了一些相互接近的变化，而李泽厚的客观社会派美学则发展为实践美学。由于种种原因，到80年代中后期，实践美学逐渐上升到主流地位，而其他三派美学的影响则逐渐减小。

但是，与此同时，围绕着实践美学的诸多观点也展开了一系列的争论。80年代后期，就有人向李泽厚发起挑战。1993年，陈炎先生发表《试论"积淀说"与"突破说"》，批评李泽厚的"积淀说"。"积淀说"是

---

① 蒋孔阳：《建国以来我国关于美学问题的讨论》，载《蒋孔阳全集》（第3卷），安徽教育出版社1999年版，第553—576页。

李泽厚实践美学的一个重要观点，认为通过实践，人的主体心理结构在审美方面得以积淀，客体的积淀为主体的，理性的积淀为感性的，集体的积淀为个体的。陈炎提倡"突破说"，批评李泽厚的"积淀说"片面强调渐变，是文化上的保守主义。1994年，杨春时先生发表《走向"后实践美学"》一文，对实践美学提出了十点批评。杨春时认为，李泽厚的实践美学存在的主要问题是：把实践直接作为美学的基础，跳过了很多中介环节，直接推论到美学基本问题；审美强调超越性，而实践没有超越性；审美强调个体性，而实践往往是群体的、集体的、社会的活动；审美强调感性，而实践强调理性，带有目的性。一开始，笔者是为李泽厚的实践美学辩护的，先后发表了两篇文章与陈、杨两位商榷。[①]然而，随着讨论的深入，笔者发现，李泽厚的实践美学并非十全十美、无懈可击的；而后实践美学起步时似乎破多立少，虽然也提出了"超越美学"（杨春时）、"生命美学"（潘知常）等，但并不成熟，暂时还无法抗衡，更无法取代实践美学[②]；虽然从整体上说，笔者认为他们的批评还未完全切中实践美学的要害，但他们对实践美学的批评仍然不无合理、可取之处，有的批评确有振聋发聩的功效。这场实践美学与后实践美学长达近十年的争论引起了笔者认真而深入的反思，促使笔者重新学习有关的马克思主义经典著作，研读西方现当代哲学、美学尤其是现象学的论著，思考当代中国美学应当如

---

① 朱立元：《对"积淀说"之再认识》，载《美学与实践》，广西师范大学出版社1999年版，第10—16页；《实践美学的历史地位与现实命运——与杨春时同志商榷》，载《美学与实践》，广西师范大学出版社1999年版，第22—37页。

② 不过，二十年后情况有了较大变化，杨春时已形成比较成熟的"主体间性存在论超越美学"，潘知常的"生命美学"也有新的发展。

何摆脱沉闷、停滞的现状，真正有所突破、有所推进。

此后几年，笔者对实践美学的认识发生了比较重要的变化。当然，笔者对实践美学总体上持基本肯定和维护的态度没有改变。笔者始终认为，李泽厚先生是当代中国成就最高、贡献最大的哲学家、美学家，他为实践美学创立了整个哲学框架，建构了基本的理论思路，提出了一整套学术新范畴，并做了系统、深入、严密的逻辑论证和阐述；实践美学是中国当代美学史上最重要、最有影响的学派，特别是20世纪80年代以来逐步成为占据中国美学主导地位的学派，是具有中国当代特色和原创精神的美学理论；这一美学理论致力于突破机械的反映论原则和非社会性的主客统一观念，而到人类的社会实践中，到人向人生成、自然向人诞生的历史进程中去审察美与美感的发生、建构和流变，从而在人类学本体论层面对美与美感做了相当深刻的阐释和概括。

但是，与此同时，笔者也开始认识到，李泽厚的实践美学在某些重要方面确实存在着薄弱环节和严重缺陷，从而对其从过去的全面辩护转变到深入反思。笔者觉得，它最主要的局限表现在以下三个方面：

第一，其哲学基础从一元论退到历史二元论的"两个本体论"。

李先生从原先坚持的一元论"工具本体"的唯物史观，逐渐走向"工具本体"与"心理本体"或"情本体"并列的"两个本体论"。然而，就李泽厚一再强调的本体作为"最终实在"这一含义而言，历史本体只能有一个，那就是"工具本体"，其他的诸如情感、心理等都只是派生的，不能成为本体，即使一定要命名为"本体"，也只能是第二本体、第三本体，而不能与"工具本体"平起平坐、等量齐观，不能像李先生所说的那样"向外""向内"分化成两个并列的本体，那样只能是二元论的历史观。笔者并非有意要"责难"李先生违反了唯物史观，而只是客观地指出了一个事实而已，也指出了李先生事实上违反了他自己20世纪80年代后期以前长期坚持的基本观点。

第二，其没有完全超越西方近代以来主客二分的认识论思维框架，而这恰恰是中国美学真正取得重大突破和发展的主要障碍之一。

众所周知，20世纪50年代中国美学四大派虽然观点各异，但对于美学研究的对象这个基本问题的看法实际上是完全一致的，即都把"美是什么"这一问题当作美学研究的主要对象。换言之，四大派都把寻求美的本质作为研究美学的一种不言自明的预设的前提，而这个前提正是主客二分的单纯认识论的提问方式。李泽厚先生的实践美学也不例外。李泽厚早在1956年就明确讲过："美学科学的哲学基本问题是认识论问题。美感是这一问题的中心环节。从美感开始，也就是从分析人类的美的认识的辩证法开始，就是从哲学认识论开始，也就是从分析解决客观与主观、存在与意识的关系问题——这一哲学基本问题开始。"①后来，李泽厚对这个问题的看法的确有所改变，对单纯的审美认识论是有所超越和突破的，但是，无法否认，一直到80年代末的《美学四讲》，他仍然没有完全放弃或否认把美和美感作为主客关系置于认识论框架内的基本思路。《美学四讲》的逻辑构架就是美—美感—艺术三大块，内中隐含着先有客观的美再有主观的美感的主客二元对立的认识论思路，所以其虽然强调了人类学本体论

---

① 李泽厚：《美学论集》，上海文艺出版社1980年版，第2页。

的主旨，即以人为本体，以自然的人化为核心，认为美是外在自然（客体世界）的人化，美感则是对内在自然（主体情感）的人化，但美和美感之间，仍然是主体心理对客观外在的美的认识、感受、体验这样一种主客二分的关系。而且，在"美论"一开始，他就提出"美是什么"的问题，虽然没有直接对"美"下定义，并对"美"的含义做了多层次的分析，可是最后还是去寻找抽象的、普遍的"美的本质"（即"美的根源"），未能完全摆脱本质主义的理路和主客二元对立的思维模式。

第三，其对实践的看法失之狭隘，而这种对实践的看法无法真正成为实践美学的理论根基。

在对实践概念的理解上，李泽厚认为实践就只是人的物质生产劳动。在他看来，马克思主义的实践范畴就只是指物质生产劳动，人的其他活动包括艺术和审美活动都不算作实践。这就把实践理解得太狭隘了。这既不符合西方思想传统对实践的理解，也不符合马克思（以及后来的毛泽东）的实践观。马克思在《关于费尔巴哈的提纲》中批评直观唯物主义时明确把实践界定为"人的感性活动"，并没有局限于物质生产劳动；他科学地指出"全部社会生活在本质上是实践的"[①]。可见，不只是物质生产劳动，而且人的各种各样活动，人的整个社会生活，都是实践的，都属于人类广大的实践活动范围。毛泽东对实践的界定更明确，仿佛是直接针对李先生的实践观似的："人的社会实践，不限于生产活动一种形式，还有多种其他的形式，阶级斗争，政治生活，科学和艺术的活动，总之社会实

---

① 马克思：《关于费尔巴哈的提纲》，载《马克思恩格斯选集》（第1卷），人民出版社1995年版，第56页。

际生活的一切领域都是社会的人所参加的。因此，人的认识，在物质生活以外，还从政治生活文化生活中（与物质生活密切联系），在各种不同程度上，知道人和人的各种关系。"[1]可见，人的实践活动既包括物质生产和生活，也包括精神生产和生活，实践应该是大于物质生产劳动的。除物质生产劳动之外，它还应该包括变革现存制度的革命实践、政治实践、道德实践、审美和艺术实践以及广大的日常生活实践等等。而李泽厚由于对实践的理解过于狭隘，所以始终无法真正解决物质功利性的实践如何过渡到非功利性的审美的问题。他后来提出"心理本体"概念试图解决这一问题，却又由此陷入"两个本体"的困境。

应当指出，李泽厚的主流派实践美学并不是实践美学的全部，实践美学也并非铁板一块，其内部呈现出"派中有派"的复杂状况，一些学者在坚持实践概念的基础上，从不同角度丰富和发展了实践美学，形成了自己的独特美学观点。如刘纲纪、蒋孔阳、周来祥等人的美学思想，就属于非主流派的实践美学。他们的美学思想中都包含着许多现在还可以进一步发展的、非常有价值的观点。

也应当指出，即使是李泽厚的主流派实践美学面临着很多问题，但它并非已经过时，更非一无是处，没有谁能够宣布其将要终结，它同样也可以进一步改进、发展和完善。当然，如果坚持旧有的主客二分的认识论框架，那么实践美学要取得突破性的新发展恐怕也是有困难的。

以上这一切都构成了我们（一批仍然基本赞同和维护实践美学的学

---

① 毛泽东：《实践论》，载《毛泽东选集》（第1卷），人民出版社1966年版，第260页。

者）对实践美学进行反思的起点。反思并不是要推倒实践美学，相反，正是为了促进实践美学（包括主流派与非主流派）的变革和发展，增强其生命力。于是，如何在坚持现有实践美学的实践哲学基础的同时，重新思考如何突破其局限，进行理论创新，在新的历史条件下进一步推进和发展实践美学，就成为包括笔者在内的中国美学界学者长期以来思考的重大问题。

二、实践存在论美学的理论基础

笔者思考并提出实践存在论美学大致经历了以下的过程：

笔者开始是从现象学（主要是海德格尔的现象学基础存在论）那里获得重要启示。海德格尔的基础存在论恰恰是跳出西方近代占主导地位的认识论，返回到人与世界最本原的存在，即人和世界是不可分割的一体，人就在世界中存在。笔者借鉴了海德格尔专门对笛卡儿"我思故我在"那个存在着无根的缺陷的命题进行批评的存在论命题——"此在（人）在世"，"人在世界中存在"。他认为"此在""在之中"不是人（身体物）"在一个现成存在者'之中'现成存在"，而是"意指此在的一种存在建构，它是一种生存论性质"，是此在"融身在世界之中"，"此在"与"世界"绝非"现成共处""比肩并列"的两个"存在者"；揭示出此在"能够领会到自己在它的'天命'中已经同那些在它自己的世界之内同它照面的存在者的存在缚在一起了"。[①]海德格尔正是通过这种对"此

---

① 海德格尔：《存在与时间》，陈嘉映、王庆节译，生活·读书·新知三联书店1999年版，第63—66页。

在"的生存论分析，阐明了"此在在世界中存在"这个命题的存在论意义。海氏这里强调的是人与世界在原初的不可分离性。人一产生，就离不开世界，人本身是世界的一部分，人与世界，不是先分然后再寻求合，而先就是合，没有对立。同时，世界只对人而言才有意义，人只能在世界中存在，人就在世界中，世界只是对人存在，离开了人，无所谓世界。这就意味着不存在现成的孤零零的绝对主体，也不存在现成的、与人截然对立的绝对客体。人与世界在原初存在论上不能分开，确定无疑的存在就是人在世界中存在，然后才能考虑其他问题。这是笔者20世纪90年代以来研读海德格尔得到的有可能超越主客二分认识论思维模式的重要启示。

在读海德格尔著作时，笔者又发现"人在世界中存在"的思想其实并不是海德格尔的发明，实际上马克思比海德格尔早八十多年就已发现并做过明确表述："人不是抽象的蛰居于世界之外的存在物。人就是人的世界。"[①]只不过马克思当时没有直接用这一存在论思想来批判近代主客二分的认识论罢了。于是，笔者重新回到马克思原著，重新认真学习、研读《巴黎手稿》，结果欣喜地发现马克思确确实实、明确无误地表明了自己以实践为中心的存在论思想：

> 　　如果人的感觉、情欲等等不仅是［狭］义的人类学的规定，而且是对本质（自然界）的真正本体论的肯定；如果感觉、情欲等等仅仅通过它们的对象对它们来说是感性的这一点而现实地肯定自己，那么

---

① 马克思：《〈黑格尔法哲学批判〉导言》，载《马克思恩格斯选集》（第1卷），人民出版社1995年版，第1页。

不言而喻：（1）它们的肯定方式决不是同样的，勿宁说，不同的肯定方式构成它们的此在（Dasein）、它们的生命的特点；对象对于它们是什么方式，这也就是它们的享受的独特方式；（2）凡是当感性的肯定是对独立形式的对象的直接扬弃时（如吃、喝、加工对象等），这也就是对于对象的肯定；（3）只要人是人性的，因而他的感觉等等也是人性的，则别人对对象的肯定同样也是他自己的享受；（4）只有通过发达的工业，即通过私有财产的媒介，人的情欲的本体论的本质才既在其总体性中又在其人性中形成起来；所以，关于人的科学本身是人的实践上的自我实现的产物；（5）私有财产——如果从它的异化中摆脱出来——其意义就是对人来说既作为享受的对象又作为活动的对象的本质性对象的此在。①

这段话内容极为丰富和深刻，限于篇幅，这里只着重说明四点：第一，马克思在这里两次提到了ontologisch（"本体论的"，亦译"存在论的"），也两次使用了被某些学者误以为是海德格尔最初使用的Dasein（"此在"，或译"定在""亲在"等）这个现代存在论的重要概念。这不仅有力证明了马克思存在论思想的客观存在，而且也表明了马克思绝不是按照传统本体论学说的实体主义思路和方法来讨论存在问题的，而是在现代存在论的视域，即回归现实生活的新境域中展开对存在问题的阐述的；当

---

① 马克思：《1844年经济学哲学手稿》，译文转引自邓晓芒：《马克思论"存在与时间"》，载《实践唯物论新解：开出现象学之维》，武汉大学出版社2007年版，第305—306页。

然，马克思的Dasein含义也不同于海德格尔的"此在"概念。第二，马克思在这里把"存在论的"与"人类学的"对比起来谈，把对自然的"存在论的"肯定看得高于"人类学的"肯定。他认为仅仅从人类学角度谈论人的感觉、情欲等是不够的，必须从"存在论的"视角把人的感觉、情欲等看成是对本质（自然界）的真正肯定。第三，马克思的存在论思想完全不同于基于实体思维的西方传统本体论学说，它是在人与对象世界（自然界）的关系中展开，这一点开启了现代存在论的新思路，这完全不同于有的学者硬把马克思的本体论思想说成是实体性的物质本体论。第四，最重要的，马克思的存在论思想也不同于现代西方其他存在论学说（包括海德格尔的现象学基础存在论），它是与人的实践活动紧密结合在一起的。马克思强调，"感觉、情欲等等仅仅通过它们的对象对它们来说是感性的这一点而现实地肯定自己"，也就是说，人"仅仅"是通过他对自然对象的"感性的肯定"——对象化的感性活动（实践活动）来达到"人的实践上的自我实现"的，而这在马克思看来，乃是"真正本体论的"（即"存在论的"）。马克思在此是用实践范畴来揭示此在（人）在世的基本在世方式，表明了实践与存在都是对人生在世的本体论（存在论）陈述。海德格尔的存在论始终没有达到马克思的实践论的高度，而马克思则把实践论与存在论有机地结合起来，使实践论立足于存在论根基上，同时使存在论具有实践的品格。而这正是马克思存在论思想最独特和高于其他存在论（包括海德格尔的基础存在论）学说之处。

在进一步研读了马克思其他许多重要著作后，笔者发现，这一实践观与存在论结合一体的思路不仅贯穿于《巴黎手稿》全文，而且也贯穿于马克思中后期的一系列著作，包括《资本论》。上引文字就是马克思正面、直接阐述其以实践为中心的现代存在论思想的证据。海德格尔虽然曾经给过笔者重要启示，但真正为实践存在论美学提供了直接理论依据的，乃是马克思。

我们正是以马克思关于实践与存在一体的思想为哲学基础，寻求建构实践存在论美学的基本思路。当然，对这一点的认识也有一个深化的过程。经过了较长时间和反复地读原著，笔者越来越坚信，在马克思的实践学说中其实早已包含了存在论的维度和丰富内涵，也明确地认识到这种存在论的内涵主要在于：实践是人的现实的、具体的、历史的生存在世方式；实践包含人类各种各样的活动形态，由物质生产实践，社会改革、伦理道德实践，精神实践、审美和艺术实践等多层面、多维度的活动方式组成，可以视作广义上的人生实践；实践是人与自然、人与社会、人与自我交往的基本方式。[①]学习、研究马克思以实践为中心的存在论思想，增添了笔者对理顺和建构实践存在论美学的思路、超越主客二分的认识论美学的局限、突破和发展现有的实践美学的信心。

这里还不能不提到笔者的导师蒋孔阳先生。从大的方面说，他的以实践论为哲学基础、以创造论为核心的审美关系理论属于实践美学的非主流派。实践存在论美学的提出，在许多方面直接受到蒋先生美学思想的启发和影响。1999年蒋先生去世后，笔者重读了他的美学论著，写了系列"新探"文章，认为他的美学是通向未来的美学，在21世纪仍有其生命力。笔

---

① 详见朱立元、任华东：《马克思实践观的存在论内涵》，《河北学刊》2008年第2期。

者认为，他的"审美关系"说，是突破形而上学主客二分思维方式的孕育；他的"美在创造中"思想，是突破本质主义思路的酝酿；他的"人是世界的美"论，体现了对存在论根基的探寻；他的美感论，开始从单纯认识论思路超拔。作为他一生美学思想总结的《美学新论》实际上已开始从四个层面探索实践论与存在论的结合：一是从劳动实践入手直探人的存在本质，认为人的本质是从劳动实践中创造出来的，劳动没有止境，人的本质也就没有止境，永远处在创造之中。二是揭示了人和世界的多层累性，认为人是一个有生命的有机整体，人的本质力量是生生不已的活泼的生命力量，世界及其向人展示出来的美也是既多层累又无限流变的。三是揭示出审美现象的生成性质，认为美是人在对现实发生审美关系的过程中诞生的；人作为审美主体也不是现成主体，而是审美关系里的主体。四是提出人是世界的美，认为美的各种因素都必须围绕人这一中心，人在自己的生存实践中实现自己的本质力量而创造了美。美为人而有、因人而生，人是美的目的和归宿。①综上可见，蒋先生的美学思想展示出一个以人生实践为本原，以审美关系为出发点，以人和人生为中心，以艺术为典范对象，以创造—生成观为指导思想和基本思路的理论整体。这个理论整体为我们建设和发展实践存在论美学初步奠定了基础。

　　上面三个方面是启发笔者形成实践存在论美学观的主要思想来源，当然其中马克思实践观及其所包含的现代存在论思想乃是核心和基础。不过，关于"实践存在论"的提法，其实不自今日始。回想起来，早在1988

---

①　以上参见蒋孔阳：《蒋孔阳全集》（第3卷），安徽教育出版社1999年版，第166—188页。

年，笔者已在一篇探讨现实主义哲学基础的文章中使用过"实践存在论"这一说法：

当代现实主义的哲学基础既不是直观反映论或能动反映论，也不是单纯的实践论，或单纯的存在论，或单纯的主体论，而是以人为中心的实践存在论。因此，只有（1）把实践论与存在统一起来，把在实践中主体对现实人生意义的体验看做现实主义的坚实基础和唯一源泉。（2）把实践存在看成本体论与认识论的统一；实践存在是人的自然存在与社会存在的统一，构成了社会（包括自然）历史的本体；实践存在也是人与世界的交流关系、体验关系、意义关系，因而构成了人的认识来源、认识过程与检验、发展认识的标准。（3）把人作为实践存在的价值中心，全部实践存在及其目标就是人的生存与发展。这样一种实践存在论就从认识论、本体论、社会观各方面为当代现实主义提供了哲学基础，也体现了对旧现实主义实证精神与人道主义的继承和发扬。[①]

不过，当时笔者对此的想法并不成熟，也尚未结合大量理论材料深入论证这个极为重要的问题，只是从现实主义的哲学基础角度进行了思考。人的认识是在不断发展深化着的。进入20世纪90年代后，通过与后实践美学和客观派美学的学术论争，笔者逐渐坚定了突破主客二分形而上学思维

① 朱立元：《关于现实主义问题的哲学反思》，载《理解与对话》，华中师范大学出版社2000年版，第127页。

方式的信念；而从上面三个方面吸取营养后，笔者终于找到了马克思主义实践观与存在论相结合的理论根据。此时，笔者觉得用"实践存在论"来概括这个新的理论思路是再合适不过的了。

三、实践存在论美学的基本主张

下面，笔者简要介绍一下实践存在论美学的基本主张。

第一，实践存在论美学仍然以实践论为哲学基础，但将其根基从单纯认识论转移到马克思的以实践为基础的现代存在论上，主张从存在论（本体论）角度把实践的内涵理解为人最基本的存在方式，理解为广义的人生实践，从而实现实践论与存在论的有机结合。具体来说，第一，人是在实践过程中才逐渐成其为人的，实践是人之为人的一个原动力，也是人之为人的一个标志。第二，更重要的是，实践还是人存在的基本方式，或者更准确地说，人生在世的基本方式就是实践。这里，实践不仅仅是物质生产劳动，因为物质生产劳动虽然是人整个实践活动中最基础的部分，但却不是全部。我们就是在日常生活各种各样的实践活动中生存和发展的。在存在论意义上，实践是人存在的基本方式。

第二，审美活动不仅是人生实践的一个不可缺少的组成部分，而且是一种人的基本存在方式和基本人生实践。人类社会就是建立在包括审美活动在内的无限丰富的人生实践基础上的。人类的文明通过实践活动而得到建构和提升，作为人类文明标志之一的审美活动也在人类的实践过程中得到发展；反过来，审美活动也推进了人类实践整体的发展，推进了人类文明的建设。而且，审美活动是人走向全面、自由发展之非常重要的一个环节和因素。人如果只局限于物质生产劳动，而没有审美活动，那么其实践就是不完整的、片面的，这种实践造就的人也是片面的、不自由的。总之，艺术和审美活动是人的一种高级的精神需要，是见证人之所以为人、人超越于动物、最能体现人的本质特征的基本存在方式之一；它是人与世界的关系由物质层次向精神层次的深度拓展；它与制造工具、物质生产、科学研究、政治活动、道德行为和其他精神文化活动等一样，是人类不可缺少的一种基本的人生实践。

第三，以"关系—生成论"来突破单纯的认识论框架。一方面是用"关系论"超越主客二分的思维模式，在美学研究对象问题上，改变以往多以美或美的本质、规律为主要研究对象的观念，而是以人与世界的审美关系及其现实展开即审美活动为研究对象。人在现实中可以发生多种关系，审美关系是其中之一。审美活动是在人类长期历史实践中，从人与世界的多种关系、多种活动中逐渐独立出来的；美和审美主体都不是先在、现成、固定不变的存在者；只是在审美活动中，现实的美才生成，现实的审美主体才生成。如前所述，包括实践美学在内的以往各派美学，在解释人对世界的审美关系时，隐含着主客分立在先的观念，就是说，认为先有审美主体和审美客体，而后有认识论意义上的审美关系和审美活动。实践存在论美学则认为，不存在脱离具体审美关系、审美活动的审美主体和审美客体，审美主客体都是在具体的审美关系、审美活动中现实地生成的。这就是说，在审美活动中，审美客体（美）与审美主体（美感）才同时现实地生成。从时间上讲，审美关系的建构、审美活动的开展与审美主客体的生成是同步的，没有先后之分；但逻辑上审美关系、活动在先，美和美感在后，而非先有美，再有美感，或者先有美（客体）和美感（主体），后有主体对客体的审美关系和活动。这样，无论从逻辑上还是从时间上讲，在审美关系、审美活动之前和之外，无所谓美（审美客体）和美感（审美主体）。因此，实践存在论美学就把审美活动（审美关系的现实展开）而非美和美的本质作为美学研究的主要对象和逻辑起点。这是试图在美学研究对象上超越主客二分的思维模式。

另一方面是用生成论取代以往美学的现成论。实践存在论美学认为，实践活动最初创造、生成了人自身，也同时生成了与人对立的自然界，生成了人与自然界的主客对峙关系。换言之，人与自然界（世界）的主客分立关系不是从来就有、永恒不变的，而是在实践中通过实践活动历史地生成的。这就是发生学上人与自然（世界）之间相互依存、双向建构、生成发展的存在论关系。在美学上，它必然否认主客二分的现成论的思路。现成论美学的基本立足点是，把"美"作为一个早已客观存在的对象来认识，预设了一个固定不变的"美"的先验存在。由于已经先在地把"美"设定为一个现成的客观的实体，所以必须找到一个唯一的答案，为"美"下定义，从而总是追问"美是什么""美的本质是什么"这类问题。这个提问方式就是现成论的。因为在我们追问"美是什么"时，实际上已假定和预设了美的实体性存在，已经是现成的研究对象。而实际上，根本没有一个客观固定的美先在地实存于世界的某个地方，美只能在具体现实的审美关系和活动中动态地生成。所以，用现成论的思考方式是无法解决美学基本问题的。实践存在论美学的思考方式不再是问"美是什么"而是问"美何以存在""美如何存在"，这个改变乃是从现成论到生成论的重要改变。

一句话，"关系—生成论"乃是实践存在论美学在哲学根基处超越原有实践美学的根本之处。

第四，实践存在论美学的上述思路，也可以推及对自然美问题的解答。我们不同意那种认为自然美是自然界的客观属性，是从来就有、万古不变的，自然界中的美甚至在没有人之前就是美的看法。我们认为，自然美同一切形态的其他美一样，是生成的，而不是现成的。自然是相对于人而言的，在没有人之前，与人相对的自然也不存在，更谈不上自然美了。那时，我们现在称之为自然的存在物就无所谓美不美，因为在人类产生之前，根本没有也不可能形成一种自然满足人的审美需求的价值关系，即审美关系，外在于审美关系的自然事物就只是自然事物，无所谓美与不美。人类发展到一定阶段，社会文化、审美活动、各个民族的历史积累等进展到一定的阶段，人与自然开始形成某种超越实用功利关系的审美关系（或者至少是具有明显审美因素的关系），自然界中一些事物才逐渐成为审美对象或准审美对象。

第五，审美是一种高级的人生境界。人在各种生存实践活动中，在与世界打交道的过程中，会形成与世界不同程度的统一、圆融的关系，这种统一关系着重体现在人对自身生存实践的觉解与对宇宙人生意义的体悟的不同程度、层次和水平上，于是会形成不同层次的人生境界，审美境界是其中一个比较高层次的境界。审美有一个基本条件是要求人与世界实现比较高程度的"交融"，即中国美学所说的"物我两忘""天人合一"。主客体如果始终处于隔离、割裂、矛盾的状态，那就不太可能是审美的。从心境来说，审美境界较大程度上超越个体眼前的某种功利性和有限性，达到相对自由的状态。所以，我们认为，审美境界属于比较高层次的人生境界，审美境界不同于、高于一般的人生境界之处，在于它是对人生境界的一种诗意的提升和凝聚，也可以说是一种诗化了的人生境界。

第六，实践存在论美学的逻辑建构，遵循上述审美关系、活动在先的原则，并不正面去寻找、界定固定不变的、唯一的美的本质，而是首先以审美活动（作为审美关系的具体展开）作为逻辑起点，探讨审美对象和审美主体如何在审美活动中现实地生成，以及审美活动的性质、特点。接着，它分别从对象形态和主体经验两个方面论述审美形态和审美经验，认为审美形态可理解为人对不同样态的美（广义的美）即审美对象的归类和描述，它是审美活动中当下生成的自由人生境界的对象化、感性表现形式和具体存在状态；而审美经验则体现为在审美活动中主体直观到了超越现实功利、伦理、认识的自由人生境界，体验到了人与世界的存在意义而产生的自由感、幸福感和愉悦感。然后论艺术和艺术活动，由于艺术最集中、典型地体现、凝结了审美活动的诸方面，因此，美学应该通过研究艺术和艺术活动来把握一般审美活动的特质。最后落实到审美教育即美育，美育指有意识地通过审美活动，增强人的审美能力，提高人的整体素质，焕发人的精神风貌，提升人的生存境界，建构人向全面发展成长的存在方式，促使人向理想的、自由的、健康的、精神丰满的人生成。综上所述，实践存在论美学的逻辑构架是：审美活动论—审美形态论—审美经验论—艺术审美论—审美教育论。笔者主编的《美学》（第三版，高等教育出版社2016年出版）就是按照这一逻辑思路展开论述的。

笔者认为，实践存在论美学的以上主要观点和思路，对于突破现有实践美学的理论局限可能具有比较重要的意义。

首先，它也许能够帮助我们在美学研究中，至少在某种程度上，超越近代以来主客二分的认识论思维方式。传统认识论的思维方式以主客二元对立为中心，在主体方面设定感性与理性、灵与肉的二元对立，在客体方面设定本质与现象、普遍与特殊的二元对立，并以这一套二元对立模式去解释丰富多彩的审美现象，这就必然造成一种本质主义的美学思路，从而把审美主客体关系、活动从生生不息的现实生活的生成之流中剥离出来，切断主体之为审美主体、客体之为审美客体的"事先情况"，即它们所处的人与现实世界的具体审美关系，同时也就切断了审美活动的存在论维度，即人生在世的生活活动或人生实践。这样，审美活动就被狭隘化为单纯的认识活动。针对这个问题，实践存在论美学试图立足于存在论的人生实践，从根本上超越这种主客二分的认识论思维方式，从而为当代美学打开了一个突破和发展的新思路。

其次，它也许能够帮助我们在美学研究中打破"现成论"的旧框架，建立"关系—生成论"的新格局。前面已经提到，认识论美学的一个基本立足点就是把美预设成先在（现成）的、固定不变的审美客体（实体），同时把美感也预设成现成的、同样固定不变的审美主体对美的反映和认识，而将美学的主要任务确定为给"美"和"美感"下定义，从而总是追问美和美感"是什么"、美的本质"是什么"等问题。这样，美学研究很难有大的突破和创新。而从实践存在论出发，审美客体和审美主体、"美"和"美感"都不是现成存在、固定不变的，而是在人与世界的审美关系的形成和展开过程中，在具体的审美活动中现实地生成的。这种"关系—生成论"新思路将有可能带来美学学科的新变革，由此，美学的研究对象、逻辑起点、基本问题、范畴系统、框架结构等问题，都有进一步反思、变革的必要性和可能性。

最后，它也许有助于美学走出书斋，走向生活实践和人民大众。在实践存在论美学看来，艺术和审美活动也是人生实践中不可缺少的重要组成部分。人通过实践成为人，也通过实践得到了发展，其中就包括艺术和审美实践的作用。人类社会就是建立在包括艺术和审美活动在内的无限丰富的人生实践基础上的。更重要的是，实践存在论美学依据马克思主义关于人的现实存在就是他们的现实生活即实践的过程的观点，强调美学和审美活动必须回到人们的现实生活中，走向人们的日常生活实践，这对于改变美学局限于狭隘的理论和专家的学术圈子的现状，使美学与人们的现实生活、与大众文化更加紧密地结合起来，可能不无帮助。

总而言之，马克思以实践为基础的现代存在论视域的引入，使得实践存在论美学既坚持实践概念的核心地位，又体现出现代存在论美学的思想品格，从而有助于凸显出马克思美学思想的当代意义。

第二章　马克思实践的唯物主义的存在论根基

2009年以来，有些学者连续发表了多篇文章，集中从哲学基础方面批评笔者提出的走向"实践存在论美学"的构想。其主要理由是："实践存在论""泛化"了马克思的实践观，把完全不相容的马克思彻底唯物主义的"实践观"同海德格尔依托"此在"的存在主义的"存在论"组合在一起，从而"将马克思的实践观淹没和消泯在了海德格尔的'存在论'之中，……在'实践存在论'完成了对马克思主义学说的'海德格尔化'、马克思主义实践观的'存在论化'之后，势必也就同时完成了对自身的消解与破坏"。对于这些指责，我们已做了部分答复和反驳①，本章拟着重

①　朱立元：《全面准确地理解马克思主义的实践概念——与董学文、陈诚先生商榷之一》，《上海大学学报》（社会科学版）2009年第5期；朱立元、刘旭光：《论马克思主义实践观的存在论维度——与董学文、陈诚先生商榷之二》，《探索与争鸣》2009年第10期。

围绕马克思实践唯物主义哲学的存在论根基问题展开讨论，同时进一步回应学界的讨论。

一、马克思"实践的唯物主义"的历史针对性和科学性

马克思"实践的唯物主义"是历史唯物主义的另一种表述的观点，已被我国哲学界大多数学者所认同。但一些学者却根据德文原文的语法结构进行分析，一些学者根据德文原文的语法结构进行分析，认为这里"实践的"作为定语只是修饰唯物主义"者"，而不适用于"唯物主义"，所以只承认有实践的唯物主义者，而不承认有作为哲学思想的"实践的唯物主义"，并声称"这是'西方马克思主义'中的某些人生造出来的"。

即使这里马克思主要说的是实践的唯物主义"者"，但从逻辑上并不能否认既然有实践的唯物主义者，就有实践的唯物主义这样一种推理的合理性。比如说，"直观的唯物主义""自然的唯物主义""人本学的唯物主义""机械的唯物主义"等，都可以加"者"而成为某一"主义"的倡导者或信奉者，去"者"则成为某一"主义"即思想、学说。这是常识。正是从常识出发，有学者明确指出："马克思和恩格斯按照他们所强调的方面，在不同情况下分别称这种新哲学为'新唯物主义'、'现代唯物主义'、'实践的唯物主义'、'历史唯物主义'、'唯物辩证法'。毫无疑问，这些名称都能如实地表达马克思和恩格斯所要强调的马克思主义哲学的基本意义。"[①]还有一个重要证据是，马克思在《德意志意识形态》

---

① 刘放桐：《重释马克思哲学变革的革命性意义——从西方哲学研究视角分析》，《河北学刊》2008年第6期。

中提出"实践的唯物主义者"这个命题之后，并没有紧接着提出与之相反、相对立的"理论的"唯物主义"者"加以比较论述，而是马上直接对费尔巴哈的直观的唯物主义观点进行深入的批判，这个命题的实际使用语境恰恰证明"实践的唯物主义"是直接针对"直观的唯物主义"思想体系的，而不仅仅是从属于实践的唯物主义"者"的。

需要强调的是，马克思"实践的唯物主义"的提法是有明确的历史和现实针对性的。一方面，对于当时占主导地位的思辨哲学（黑格尔哲学、青年黑格尔派如布鲁诺·鲍威尔的"自我意识"论、麦克斯·施蒂纳的"唯一者"论及种种观念论哲学），马克思展开了多方面的深入批判，并明确指出："在思辨终止的地方，在现实生活面前，正是描述人们实践活动和实际发展过程的真正的实证科学开始的地方。"①这样一种把思辨哲学从精神天堂拉到现实人间、着重描述人们的"实践活动"的"实证科学"，正是既"实践"又"唯物"的"实践的唯物主义"即历史唯物主义。另一方面，也是更重要、更直接的方面，针对当时唯物主义阵营内部以费尔巴哈为代表的直观的唯物主义哲学，马克思在充分肯定其坚持自然的唯物主义、批判黑格尔的思辨唯心主义、反对宗教异化的理论贡献的同时，对他的唯物主义的直观性、非实践性最终导向历史唯心主义的哲学立场进行了深刻的批判。在《关于费尔巴哈的提纲》中，马克思批评"费尔巴哈不满意抽象的思维而喜欢直观；但是他把感性不是看作实践的、人的

---

① 马克思、恩格斯：《德意志意识形态》，载《马克思恩格斯选集》（第1卷），人民出版社1995年版，第73页。

感性的活动"①。在此，马克思与费尔巴哈所持的是两种对立的感性观，前者是人的感性活动即实践，后者是感性的直观；不仅如此，马克思进一步把这两种感性观概括、上升为两种唯物主义哲学思想的对立，指出"直观的唯物主义，即不是把感性理解为实践活动的唯物主义"②。显然，费尔巴哈是把感性理解为"直观的唯物主义"，马克思则是"把感性理解为实践活动的唯物主义"（不是"者"），同理可简称为"实践的唯物主义"。这无疑是《德意志意识形态》中"实践的唯物主义者"提法的直接来源，而绝不是来源于什么"'西方马克思主义'中的某些人"。以上对两种错误的思想学说（唯心主义的或直观的唯物主义的）的辩证批判，凸显了"实践的唯物主义"的辩证性和科学性。

离开马克思提出"实践的唯物主义"哲学的具体历史语境和现实针对性，仅仅凭借简单的语法分析就想根本否定和取消这一表达马克思新哲学的科学名称，是完全站不住脚的。

二、从存在论根基处重新认识马克思哲学变革的意义

由马克思创建起来的历史唯物主义即实践唯物主义的新哲学实现了划时代的伟大哲学变革，这一点恐怕没有人会有疑义。但学界对这种哲学变革的意义的认识和理解并不完全一致。从一些学者的分析来看，他们一

---

① 马克思：《关于费尔巴哈的提纲》，载《马克思恩格斯选集》（第1卷），人民出版社1995年版，第56页。

② 马克思：《关于费尔巴哈的提纲》，载《马克思恩格斯选集》（第1卷），人民出版社1995年版，第56页。

是更强调这种变革的唯物主义方面，而相对轻视其实践的方面，即使讲实践，也偏重于其客观方面，而忽视其主体方面；二是只强调这种变革的认识论意义，而基本无视其本体论（存在论）意义。这不仅有一定的片面性，而且实际上在某种程度上遮蔽和贬低了这一变革的革命性意义，其根源在于没有超越近代哲学的视界。

对马克思哲学变革的重新认识，我国哲学界走在了文艺学界、美学界的前面，提出了一系列非常重要而深刻的观点。有学者精辟地指出，"从这一变革的社会历史条件、思想和理论背景以及变革的过程都可以看出，这一变革的根本之点在于把社会实践的观点引入哲学，并当作哲学的根本观点"，"马克思明确地把唯物主义和辩证法都与人的'感性活动'，即现实生活和实践联系起来"，"他的唯物主义的根本特点是从感性的、实践的观点去认识世界的"，"现实生活和实践的观点是整个马克思哲学的根本观点。它不仅因强调人的实践在认识中的决定作用而具有认识论意义，而且还因强调人的实践使物质的、自然的存在成为具有现实意义的存在而具有存在论（生存论）意义"。①这就把马克思实践观本有而长期被忽视的存在论思想（维度）即马克思哲学变革的存在论意义，揭示出来了。

是否承认马克思新哲学有存在论根基，其哲学变革有存在论意义，是一个能否全面、准确地理解马克思唯物史观的原则问题。有学者在回顾了一个多世纪以来对马克思哲学变革的性质和意义的几种不同理解后指出，

① 刘放桐：《重释马克思哲学变革的革命性意义——从西方哲学研究视角分析》，《河北学刊》2008年第6期。

它们实际上"使马克思哲学的阐说陷于现代性意识形态的晦暗之中，亦即陷于现代（modern，近代）哲学的理解框架和解释框架之中"，据此提出了"重估马克思哲学革命的性质与意义"的任务，并强调"这一任务将不可避免地要求存在论根基处之最彻底的澄清。马克思的哲学革命，从而经由这一革命而在哲学上的重新奠基，从根本上来说，纯全发端于存在论根基处的原则变动——若取消或遮蔽这样的原则变动，则马克思的哲学革命就是不涉及根基的或者本身是完全缺失根基的，从而也就谈不上什么真正意义的'哲学革命'。……只要这一革命确曾发生……，对它的任何一种判断和估价都不能不首先是并且最终是存在论性质的"。[1]笔者完全赞同这个观点。的确，如果不首先并最终从存在论根基处重新认识和解读马克思哲学变革的性质和意义，就有可能甚至必然陷入近代形而上学（既包括主观或客观唯心主义，也包括费尔巴哈及其以前的一切旧唯物主义）的思维方式和阐释框架，从而自觉或不自觉地遮蔽和否认马克思实践唯物主义新哲学的存在论维度（根基）。

有学者概括道，"这一变革的实质在于，它使哲学的主题发生了根本的转换，即从'世界何以可能'转向'人类解放何以可能'，与此同时，哲学聚焦点从宇宙本体转向人的生存本体，从解释世界转向改变世界"；指出"为了解答'人类解放何以可能'，马克思主义哲学必须探讨人的存在方式或生存本体"，即存在论（本体论）的问题，经过详细论证，其结论是"在马克思的哲学视野中，实践不仅是人的生存的本体，而且是现存

---

① 吴晓明：《重估马克思哲学革命的性质与意义》，《复旦学报》（社会科学版）2004年第6期。

世界的本体"。①这一探讨，使我们清楚地认识到，马克思实践观确确实实立足于其存在论根基之上。另一位学者则从马克思把"自由自觉的生命活动"即劳动实践看作人的类本性出发，指出"这意味着马克思完全是从'生存活动'而不是从'现在存在者'的角度来理解人的'本性'的"。换言之，马克思是从自由自觉的实践活动或生存活动来规定人的"生存性"本质，进而把人的本质看成是在实践中生成的，而非现成的、固定不变的，并揭示出人的生命活动具有"自由开放性""全面性和丰富性""自我创造、自我超越和自我否定本性"；而在资本的专制统治下，"使人彻底失去了上述自由自觉的生存品性，人沦为与物无异的'现成存在者'"，因此，"马克思在哲学史上最早阐明了价值虚无主义的思想根源"，"深刻揭示了价值虚无主义的现实根源"。②虽然两位学者的阐释侧重点不同，但他们却不约而同地阐述了马克思实践唯物主义的存在论维度，或者说，从存在论根基处阐述了马克思的实践唯物主义，其目的就是消除资本主义现存世界的异化，解放全人类。

我们曾在多处说明，"实践存在论美学"虽然受过海德格尔存在论的某些启示，但真正使我们获得和转移到存在论根基的，并非海德格尔的存在论，而是马克思的存在论。有些学者却顽固地认为存在论是海德格尔的专利，只有海德格尔有存在论，马克思根本没有存在论。所以，当我们努

---

① 杨耕：《重新理解马克思主义哲学所实现的哲学变革》，《光明日报》2009年5月19日11版。

② 贺来：《马克思的哲学变革与价值虚无主义课题》，《复旦学报》（社会科学版）2004年第6期。

力探讨马克思实践观的存在论维度时，他们或不屑一顾，或置若罔闻，这恰恰表明他们对马克思哲学变革之意义的理解失之偏颇，不够全面。

三、马克思"实践"概念的核心内涵

至于"人的感性活动，是人的现实生活过程"作为"实践"概念的核心是否符合马克思的观点，这就涉及如何全面、准确理解马克思唯物史观的核心概念之一"实践"的问题。

马克思"实践"概念包含着极为丰富、深刻的内涵。在马克思的著作中，从不同角度、用不同方式和语言规定"实践"性质的命题或提法很多，如从人的主体能动性角度把实践规定为"自由自觉的生命活动"或"有意识的生命活动"；从人对世界或自然界的能动关系角度把实践规定为"创造对象世界，即改造无机界"[1]的活动，或"人的本质力量的对象化""自然的人化"等；从"改变世界"而不只是"解释世界"的角度，把"革命的实践"规定为"环境的改变和人的活动或自我改变的一致"[2]；从人类历史形成和发展的角度把实践规定为劳动和工业，认为"全部人的活动迄今都是劳动，也就是工业"[3]；从资本主义条件下的异化劳动角度，实践又被规定为"人的活动在外化范围内的表现"或"作为

---

① 马克思：《1844年经济学哲学手稿》，载《马克思恩格斯全集》（第42卷），人民出版社1979年版，第96页。

② 马克思：《关于费尔巴哈的提纲》，载《马克思恩格斯选集》（第1卷），人民出版社1995年版，第55页。

③ 马克思：《1844年经济学哲学手稿》，载《马克思恩格斯全集》（第42卷），人民出版社1979年版，第127页。

生命外化的生命表现"①；等等。但在我们看来，在诸多对"实践"的规定中，"人的感性活动"是最为核心的规定，也是直接切入马克思实践观的存在论维度的关键点。

首先，把实践规定为"人的感性活动"的不是笔者，而是马克思，是其历史唯物主义的天才纲领《关于费尔巴哈的提纲》（下称《提纲》）。《提纲》一开始就批评费尔巴哈不把"对象、现实、感性""当作感性的人的活动，当作实践去理解"②；《提纲》还批评费尔巴哈"把感性不是看作实践的、人的感性的活动"③。只要不抱偏见，都不能不承认，在这些表述中，马克思是明白无误地将"实践"界定为"人的感性活动"，并直接在这两个概念之间画了等号。

必须指出，马克思将"实践"界定为"人的感性活动"有其明确的现实针对性：既针对以黑格尔为代表的唯心主义只肯定人的精神活动的能动方面，而轻视甚至无视人的现实的、物质的感性活动，指出"唯心主义当然不知道真正现实的、感性的活动本身的"；又直接针对费尔巴哈及一切旧唯物主义的直观性，即"只是从客体的或者直观的形式去理解""事物、现实、感性"，而忽视了它们的主观的、能动的方面。④通过这两方

---

① 马克思：《1844年经济学哲学手稿》，载《马克思恩格斯全集》（第42卷），人民出版社1979年版，第144页。

② 马克思：《关于费尔巴哈的提纲》，载《马克思恩格斯选集》（第1卷），人民出版社1995年版，第54页。

③ 马克思：《关于费尔巴哈的提纲》，载《马克思恩格斯选集》（第1卷），人民出版社1995年版，第56页。

④ 马克思：《关于费尔巴哈的提纲》，载《马克思恩格斯选集》（第1卷），人民出版社1995年版，第54页。

面的批判，马克思把作为"人的感性活动"的实践看成是主观和客观统一的活动，既不同于唯心主义绝对精神（思想客体）的自我运动、自我发展，只是"抽象地"发展了"能动的方面"；也不同于费尔巴哈只研究"跟思想客体确实不同的感性客体，但是他没有把人的活动本身理解为客观的（gegenständliche）活动"[①]；而是强调既"从主观方面去理解"感性、现实、对象，把它们看作人的能动的感性活动，又把这种感性活动本身也看成"客观的"，因为这种感性活动无论就其受对象的制约而言，还是就其活动的过程和结果都是对象化、客观化的而言，都是"客观的"。所以，马克思将实践界定为"人的感性活动"正是抓住了其主客观统一的根本特征。

其次，马克思是从人的感性活动即实践出发，揭示人类历史发展的秘密。在《手稿》中，马克思的唯物史观作为历史科学正在孕育和构建之中。马克思批判地吸收了费尔巴哈关于"感性"的某些思想，但赋予其以实践和历史的新内涵，强调指出："感性（见费尔巴哈）必须是一切科学的基础。科学只有从感性意识和感性需要这两种形式的感性出发，因而，只有从自然界出发，才是现实的科学。全部历史是为了使'人'成为感性意识的对象和使'人作为人'的需要成为［自然的、感性的］需要而作准备的发展史。历史本身是自然史的即自然界成为人这一过程的一个现实部

---

① 马克思：《关于费尔巴哈的提纲》，载《马克思恩格斯选集》（第1卷），人民出版社1995年版，第54页。译文有改动。

分。"①联系上下文以及《手稿》的全部论述，可以肯定，马克思这里正是对费尔巴哈对于感性的直观性理解的批判性改造，正是从感性活动即实践的意义上，从人的本质力量的对象化或实现上重新解释了感性，并用以阐述人类历史的现实本质。紧接着上面这段话，马克思又说："那些特殊的人的感性的本质力量，正如它们只有在自然对象中才能得到客观的实现一样，只有在关于自然本质的科学中才能获得它们的自我认识。"②这里人的感性的本质力量在自然对象中客观的实现，明白无误就是马克思说的"人的感性活动"，即实践。

不仅如此，马克思还从这个角度集中考察了推动人类历史发展的劳动和工业。他明确指出："全部人的活动迄今都是劳动，也就是工业，就是自身异化的活动"③；因为"工业是完成了的劳动"④。而对于工业的本质，马克思明确"把工业看成人的本质力量的公开的展示"⑤，并仍然用人的感性活动来解释："在通常的、物质的工业中……，人的对象化的本质力量以感性的、异己的、有用的对象的形式，以异化的形式呈现在我们

①　马克思：《1844年经济学哲学手稿》，载《马克思恩格斯全集》（第42卷），人民出版社1979年版，第128页。

②　马克思：《1844年经济学哲学手稿》，载《马克思恩格斯全集》（第42卷），人民出版社1979年版，第129页。

③　马克思：《1844年经济学哲学手稿》，载《马克思恩格斯全集》（第42卷），人民出版社1979年版，第127页。

④　马克思：《1844年经济学哲学手稿》，载《马克思恩格斯全集》（第42卷），人民出版社1979年版，第115页。

⑤　马克思：《1844年经济学哲学手稿》，载《马克思恩格斯全集》（第42卷），人民出版社1979年版，第128页。

面前。"①由此，马克思进而得出了以下著名的结论："工业的历史和工业的已经形成的对象性的此在，是人的本质力量的打开了的书本，是感性地摆在面前的人性的心理学。"②这里，工业的历史就是人的感性活动即劳动实践所展开的心理学。

再次，马克思也是从人的感性活动即实践入手，来揭露资本主义私有财产的异化本质，进而展示"共产主义是私有财产即人的自我异化的积极的扬弃"③。马克思对资本主义条件下"实践的人的活动即劳动的异化行为"的批判性考察，同样首先从"工人同感性的外部世界、同自然对象这个异己的与他敌对的世界的关系"入手，揭露出"工人同劳动产品这个异己的、统治着他的对象的关系"④以及其他三种异化关系，并揭示出"异化劳动是私有财产的直接原因"⑤的秘密："这种物质的、直接感性的私有财产，是异化了的、人的生命的物质的、感性的表现。私有财产的运动——生产和消费——是以往全部生产的运动的感性表现，也就是说，是

---

① 马克思：《1844年经济学哲学手稿》，载《马克思恩格斯全集》（第42卷），人民出版社1979年版，第127页。

② 马克思：《1844年经济学哲学手稿》，译文转引自邓晓芒：《马克思论"存在与时间"》，载《实践唯物论新解：开出现象学之维》，武汉大学出版社2007年版，第306页。

③ 马克思：《1844年经济学哲学手稿》，载《马克思恩格斯全集》（第42卷），人民出版社1979年版，第120页。

④ 马克思：《1844年经济学哲学手稿》，载《马克思恩格斯全集》（第42卷），人民出版社1979年版，第94页。

⑤ 马克思：《1844年经济学哲学手稿》，载《马克思恩格斯全集》（第42卷），人民出版社1979年版，第101页。

人的实现或现实。"①马克思又从异化劳动同私有财产的关系进而推出伟大的革命性结论："私有财产的积极扬弃，作为对人的生命的占有，是一切异化的积极的扬弃。"②这就是共产主义的现实运动，其实质在于"社会从私有财产等等的解放，从奴役制的解放，是通过工人解放这种政治形式表现出来的，而且……工人的解放包含全人类的解放"③。

最后再讨论马克思实践概念的另外一层重要含义——"人的现实生活过程"。这同样确凿无疑是马克思自己的观点。

这里首先要弄清马克思的"现实"和"生活"两个概念的基本含义及"现实生活"概念的主要含义。第一，在马克思那里，"现实"概念一是同"感性"概念相近，属于同一层次的概念，与抽象的"理性"概念相对立，是可以通过感官、感觉把握的；二是与抽象的"思想""观念"概念相对立，是实际存在的，可以用经验观察到的；三是常常与"生活"概念近义或同义。如马克思在谈论货币的创造力时说道："它把我的愿望从观念的东西，从它们的想象的、表象的、期望的存在，转化成它们的感性的、现实的存在，从观念转化成生活，从想象的存在转化成现实的存在。"④第二，"生活"概念在马克思那里，一是表示人的广泛的"日常

① 马克思：《1844年经济学哲学手稿》，载《马克思恩格斯全集》（第42卷），人民出版社1979年版，第121页。

② 马克思：《1844年经济学哲学手稿》，载《马克思恩格斯全集》（第42卷），人民出版社1979年版，第121页。

③ 马克思：《1844年经济学哲学手稿》，载《马克思恩格斯全集》（第42卷），人民出版社1979年版，第101页。

④ 马克思：《1844年经济学哲学手稿》，载《马克思恩格斯全集》（第42卷），人民出版社1979年版，第154页。

生活"范围，实际上与"现实生活"同义；二是表示人的生产活动、生活活动、生命活动，与"活动"概念相近；三是表示人的以劳动生产为基础的实践活动。这三层意义常常交叉、混合使用。比如，马克思在谈到"人们用以生产自己的生活资料的方式"时指出，"它在更大程度上是这些个人的一定的活动方式，是他们表现自己生活的一定方式、他们的一定的生活方式"，这就将生产、生活、活动在同样意义上使用了。[①] 又如，马克思在谈到自然科学对人的生活的实践意义时指出，"自然科学却通过工业日益在实践上进入人的生活，改造人的生活，并为人的解放作准备"[②]，这里人的生活和实践紧密地结合在一起了。再如，马克思在谈到法国工人阶级联合起来"这一实践运动"的"光辉的成果"时，充满热情地描述了他们的日常生活："吸烟、饮酒、吃饭等等在那里已经不再是联合的手段，或联络的手段。交往、联合以及仍然以交往为目的的叙谈，对他们说来已经足够了；人与人之间的兄弟情谊在他们那里不是空话，而是真情，并且他们那由于劳动而变得结实的形象向我们放射出人类崇高精神之光。"[③]第三，"现实生活"的概念，更多地表示与观念、意识相对立的人的物质实践和其他生活实践。有学者专门研究了《德意志意识形态》中"生活"概念的各种使用，指出："马恩则从'现实的生活'入手，在

[①] 马克思、恩格斯：《德意志意识形态》，载《马克思恩格斯选集》（第1卷），人民出版社1995年版，第67页。

[②] 马克思：《1844年经济学哲学手稿》，载《马克思恩格斯全集》（第42卷），人民出版社1979年版，第128页。

[③] 马克思：《1844年经济学哲学手稿》，载《马克思恩格斯全集》（第42卷），人民出版社1979年版，第140页。

《形态》中从多种意义上使用了生活概念：首先，生活是维持人的生存的最基本的物质活动，即衣食住行；其次，生活就是生产实践，即劳动；再次，生活是人的全部生命活动，包括物质生产活动、社会活动、精神活动等；最后生活即人的日常生活。总之，马恩是以人的'生命活动'为出发点来使用生活概念的。"①笔者以为，这是符合马克思、恩格斯原意的。而且，上述对"生活"概念四种意义上的使用，归结起来恰好是"实践"概念的主要含义。可以说，在马克思那里，"现实生活"与"实践"的含义是基本一致的。

基于以上的考察，可以看到，马克思正是运用"生活"或"现实生活"范畴，从多方面表述和阐述实践唯物主义的新历史观。他说，这个历史观赖以出发的"现实的前提""是一些现实的个人，是他们的活动和他们的物质生活条件"②；他又说，"一当人开始生产自己的生活资料的时候，……人本身就开始把自己和动物区别开来。……同时间接地生产着自己的物质生活本身"③，这实际上把人的物质生产实践看成他们的现实生活本身。在马克思看来，"现实生活"就是现实的人的实际生活、活动的过程。现实的人就是马克思所说的"现实中的个人"，"这些个人是从事活动的，进行物质生产的，因而是在一定的物质的、不受他们任意支

---

① 吴宁、张秀启：《〈德意志意识形态〉中的生活哲学思想》，《湖南文理学院学报》（社会科学版）2008年第5期。

② 马克思、恩格斯：《德意志意识形态》，载《马克思恩格斯选集》（第1卷），人民出版社1995年版，第67页。

③ 马克思、恩格斯：《德意志意识形态》，载《马克思恩格斯选集》（第1卷），人民出版社1995年版，第67页。

配的界限、前提和条件下活动着的"，也就是在一定物质条件下从事实际的、能动的物质实践的个人，是"处在现实的、可以通过经验观察到的、在一定条件下进行的发展过程中的人"，而"不是处在某种虚幻的离群索居和固定不变状态中的人"。①而"现实生活"就是"现实中的个人"的实际生活、活动的过程，是"发展着自己的物质生产和物质交往的人们，在改变自己的这个现实的同时也改变着自己的思维和思维的产物"的过程；"而且从他们的现实生活过程中还可以描绘出这一生活过程在意识形态上的反射和反响的发展"。②正是在生活就是实践这个意义上，马克思提出了"不是意识决定生活，而是生活决定意识""'意识'［das Bewußtesein］在任何时候都只能是被意识到了的存在［das bewußte Sein］，而人们的存在就是他们的现实生活过程"③这个历史唯物主义的经典命题。这里，"人们的存在就是他们的现实生活过程"，正是十分鲜明地体现了马克思实践唯物主义的存在论根基。显然，在马克思那里，由于人们的"全部社会生活在本质上是实践的"④，所以"实际生活过程""物质生活过程""现实生活过程"都是同义的，都同样表述现实的人的能动的实践活动过程。在此，合乎逻辑的推论只能是：实践就是现实的人的基本

---

①　马克思、恩格斯：《德意志意识形态》，载《马克思恩格斯选集》（第1卷），人民出版社1995年版，第71—72、73页。

②　马克思、恩格斯：《德意志意识形态》，载《马克思恩格斯选集》（第1卷），人民出版社1995年版，第73页。

③　马克思、恩格斯：《德意志意识形态》，载《马克思恩格斯选集》（第1卷），人民出版社1995年版，第73、72页。

④　马克思：《关于费尔巴哈的提纲》，载《马克思恩格斯选集》（第1卷），人民出版社1995年版，第56页。

存在方式。据此，马克思把历史唯物主义的"实证科学"任务确定为描绘出现实的人的能动的实践活动和生活过程，认为"只要描绘出这个能动的生活过程，历史就不再像那些本身还是抽象的经验论者所认为的那样，是一些僵死的事实的汇集，也不再像唯心主义者所认为的那样，是想象的主体的想象活动"①。

综上所述，我们将实践规定为"人的感性活动，是人的现实生活过程"，抓住了马克思实践观的核心含义，是完全符合马克思原意的。指责我们"歪曲"马克思原意是毫无根据、完全站不住脚的。而且有些学者在批评"实践存在论"时又肯定了"马克思主义实践观，明确了人的存在即人的现实生活和生产实践过程，这是对人类历史的产生、发展和变革起决定作用的唯一的东西"，这恰好佐证了我们的观点。

附带补充两点：第一，笔者曾针对李泽厚对"实践"过于狭隘的理解，提出广义的"人生实践"论："我们理解的实践是广义的人生实践。它固然以物质生产作为最基础的活动，但还包括人的各种各样其它的生活活动，既包括道德活动、政治活动、经济活动等等，也包括人的审美活动和艺术活动。"②这只是如实地将艺术和审美等精神生产活动纳入人生实践范围内而已，没有丝毫轻视或贬低物质生产实践的意思。第二，有意思的是，一些学者似乎也将其限定于"物质实践和物质交往"的对"实践"的狭隘理解，悄悄向我们的"泛化"或"过分广义化"的理解靠拢了，这

---

① 马克思、恩格斯：《德意志意识形态》，载《马克思恩格斯选集》（第1卷），人民出版社1995年版，第73页。

② 朱立元：《简论实践存在论美学》，《人文杂志》2006年第3期。

又再一次佐证了我们的理解。

四、马克思实践观的存在论维度不容否定

有些学者为否定"实践存在论"的马克思主义理论依据，将马克思思想的发展刻意区分为前后期，说"在他的思考中也很少再使用'实践'、'存在'这类古典哲学概念"就是一个典型例子。但马克思于1859年发表的《〈政治经济学批判〉序言》这篇经典作品则提供了一个明显的反例。在该文中，马克思对唯物史观做了最为经典和权威的表述，其中"物质生活的生产方式制约着整个社会生活、政治生活和精神生活的过程。不是人们的意识决定人们的存在，相反，是人们的社会存在决定人们的意识"[①]，它同《手稿》《提纲》《德意志意识形态》一样，体现出马克思唯物史观的存在论根基；同年恩格斯《卡尔·马克思〈政治经济学批判〉》一文，在引用了这两句话后强调指出，这个原理"不仅对于理论，而且对于实践都是最革命的结论"[②]。在马克思、恩格斯1859年的重要著作中，"实践"和"存在"这两个所谓"古典哲学概念"不但依然使用着，而且依然作为表述唯物史观最重要内容的范畴在使用。这有力地宣告了"两个马克思"的神话的破灭。

这些学者还借口汉语里"存在论"和"本体论"在实际使用上内涵和

---

① 马克思：《〈政治经济学批判〉序言》，载《马克思恩格斯选集》（第2卷），人民出版社1995年版，第32页。

② 恩格斯：《卡尔·马克思〈政治经济学批判〉》，载《马克思恩格斯选集》（第2卷），人民出版社1995年版，第38页。

侧重点有所不同，指责我们用"存在论""替换""本体论"是不能成立的。这里笔者需要澄清两点：一是，在实际使用时，许多重要哲学概念的内涵和侧重点都有所不同，不独ontology如此。就"实践"而言，正因理解的不同，才造成学界长期的争论，才造成他们解释上的自相矛盾。这里并不存在"替换"问题。二是，就学术而言，应该力求准确辨析这两个概念的真实内涵，有可能会为理解不同而发生争论，但概念本身的准确内涵及其历史演变应该是有客观依据的。就海德格尔的存在论而言，译成"本体论"就不那么准确了，这同我们一般理解的"本体论""本体"也并非没有关系。问题是，马克思有没有Being意义上的存在论思想？他的实践观有没有存在论的根基？对此问题的回答要靠事实说话，而不是简单用译名"替换"的指责所能解决的。

此前，笔者曾对马克思实践唯物主义的存在论思想做过若干探讨，[①]这里再做进一步论述。

在《巴黎手稿》中马克思有一段直接谈存在论（ontologisch）的话，值得我们反复学习、思考：

> 如果人的感觉、情欲等等不仅是［狭］义的人类学的规定，而且是对本质（自然界）的真正本体论的肯定；如果感觉、情欲等等仅仅通过它们的对象对它们来说是感性的这一点而现实地肯定自己，那么

---

① 参见朱立元、任华东：《马克思实践观的存在论内涵》，《河北学刊》2008年第2期；朱立元：《略谈马克思实践观的存在论维度及其美学意义》，《马克思主义美学研究》2008年第1期；朱立元、刘旭光：《论马克思主义实践观的存在论维度——与董学文、陈诚先生商榷之二》，《探索与争鸣》2009年第10期。

不言而喻：（1）它们的肯定方式决不是同样的，勿宁说，不同的肯定方式构成它们的此在（Dasein）、它们的生命的特点；对象对于它们是什么方式，这也就是它们的享受的独特方式；（2）凡是当感性的肯定是对独立形式的对象的直接扬弃时（如吃、喝、加工对象等），这也就是对于对象的肯定；（3）只要人是人性的，因而他的感觉等等也是人性的，则别人对对象的肯定同样也是他自己的享受；（4）只有通过发达的工业，即通过私有财产的媒介，人的情欲的本体论的本质才既在其总体性中又在其人性中形成起来；所以，关于人的科学本身是人的实践上的自我实现的产物；（5）私有财产——如果从它的异化中摆脱出来——其意义就是对人来说既作为享受的对象又作为活动的对象的本质性对象的此在。

对于这段话，笔者在此处从译名和学理两方面强调以下几点。第一，马克思在这里两次提到的"本体论"（ontologisch）肯定是西方哲学传统直至海德格尔的"存在论"（或是存有论）问题，而不完全是中译文里人们一般理解的"本体"含义的"本体论"问题。第二，这里两次使用了被某些学者误以为是海德格尔最初使用的"此在"（Dasein，或译"定在""亲在"等）这个现代存在论的重要概念，也有力证明了马克思哲学存在论维度的客观存在，不是任何人能够随意否定的。第三，这里，ontologisch是与"人类学的"（或译"人本学的"）相对使用的，"不仅……而且……"的句式则表明马克思把"存在论"的肯定看得高于"人类学"的肯定。第四，马克思的"存在论的"肯定，是从人与对象世界的"感性"关系，更确切地说是从感性活动的关系来肯定自己的："感觉、情欲等等仅仅通过它们的对象对它们来说是感性的这一点而现实地肯定自己。"在《手稿》另一处，马克思还从存在论根基处说到人的"激情"："人作为对象性的、感性的存在物……所以是一个有激情的存在物。激情、热情是人强烈追求自己的对象的本质力量。"①因此，人的感情欲、激情、热情正是人追求使自己本质力量对象化、在对象世界中实现自己或者"现实地肯定自己"的内在动力。可见，马克思这里讲的是，正是人的本质力量对象化即感性活动亦即实践才构成人的存在论（而不仅仅是人类学）的根基。而且，从《手稿》乃至《提纲》和《德意志意识形态》来看，马克思对人和世界的本质和关系都不仅是从人类学角度还是从存在论的根基处加以论述的。第五，据此，马克思哲学的存在论是与其实践观紧密结合在一起的，其存在论以实践观为依据，而实践观以存在论为根基，两者合为一体、不可分割。这也正是我们构想实践存在论美学的马克思主义理论基础。笔者确实说过，"实践存在论美学仍然以实践论作为哲学基础，但将其根基从认识论转移到存在论上"②，但需再次强调的是，这个存在论根基，绝非有些学者硬加给笔者的"海德格尔的存在论"，而是马克思的与实践观合为一体的存在论。

---

① 马克思：《1844年经济学哲学手稿》，载《马克思恩格斯全集》（第42卷），人民出版社1979年版，第150、169页。

② 朱立元：《我为何走向实践存在论美学》，《文艺争鸣》2008年第11期。

五、马克思哲学的根基是与实践观一体的存在论，而不是抽象的"物质本体论"

笔者认为，我们与批评意见最主要的分歧之一在于，有些学者依据上述反对用"存在论""替换""本体论"的理由，事实上把马克思极为深刻、丰富的存在论思想"替换"为"物质实体论""物质一元论"或"物质本体论"。他们一方面批评"实践一元论"，认为世界和人类社会依据"实践"而存在，"实践"是世界的本原和本体，从而就以"实践一元论"代替"物质一元论"，取消了世界的物质统一性；另一方面明确主张研究马克思主义美学，"其出发点还是应当……回到物质本体论的维度中来"，因为据说本体论或存在论里的"存在"，"应指世界上一切事物的客观存在"。

笔者首先要声明：我们从来没有怀疑"世界的物质统一性"，没有怀疑物质（自然界）先于（人的）意识而存在。相对于人的主观意识，物质（自然界）的先在性、客观性是不容置疑的。问题是，这是在物质与意识、思维与存在的关系即认识论范围内提出的问题，而非存在论的提问范围和方式。这些批评者一开始就把"存在论"问题偷换成"认识论"问题，即把"存在问题"首先看成世界与人的认识、存在与意识的关系的问题，把相对于人的意识而言的物质世界在时间上的先在性看成是"存在论"的核心问题，而实际上恰恰把一切存在者（包括自然界和人）的存在（问题）遮蔽了。在马克思那里，"实践"不仅是认识论范畴，更主要、更基本的是存在论范畴。下面，让我们看看马克思是怎样从"关系"角度论述人与自然界、人与世界的存在论关系的。

首先，马克思认为，人与动物的重要区别之一是人有"关系"，动物没有。他指出："凡是有某种关系存在的地方，这种关系都是为我（指"人"——引者注）而存在的；动物不对什么东西发生'关系'，而且根本没有'关系'；对于动物来说，它对他物的关系不是作为关系存在的。"①可见，在存在论的意义上，人也是"关系"的动物，人一旦从动物界分离出来，就有了"关系"——人与动物、人与自然、人与人等的关系，这些关系也就是人之为人、人高于和超越于动物的重要标志。比如，人与自然的关系，在人刚刚从动物界分离出来之际，是一种敌对的关系：自然界作为人的对立面，在很大程度上还没有成为人的实践活动的对象，没有成为人的本质力量的实现和确证，"自然界起初是作为一种完全异己的、有无限威力的和不可制服的力量与人们对立的，人们同自然界的关系完全像动物同自然界的关系一样"②。当然，随着人的实践活动的展开和发展，人与自然的关系也发生着日新月异的变化。恩格斯指出，"随着完全形成的人的出现又增添了新的因素——社会"③，在社会中，人的物质实践的集中体现——工业——推动着这种关系的不断改变，"在工业中向来就有那个很著名的'人和自然的统一'，而且这种统一在每一个时代都

① 马克思、恩格斯：《德意志意识形态》，载《马克思恩格斯选集》（第1卷），人民出版社1995年版，第81页。

② 马克思、恩格斯：《德意志意识形态》，载《马克思恩格斯选集》（第1卷），人民出版社1995年版，第81页。

③ 恩格斯：《自然辩证法》，载《马克思恩格斯选集》（第4卷），人民出版社1995年版，第378页。

随着工业或慢或快的发展而不断改变，就像人与自然的'斗争'促进其生产力在相应基础上的发展一样"①。

　　其次，马克思根据上述"关系"说的思想全面论述了人与自然界的存在论关系。第一，他指出，"人同自然界的关系直接就是人和人之间的关系，而人和人之间的关系直接就是人同自然界的关系"，"这种关系通过感性的形式"，即人的感性活动（实践）"表现出人的本质在何种程度上对人说来成了自然界，或者自然界在何种程度上成了人具有的人的本质"。②显然，马克思不把人和自然界看成现成的、互相分离的、孤立不变的存在物，而是看成通过人的感性实践活动互相作用、互相生成的社会关系。这里，自然界与人的存在是互为前提的，脱离了人的自然界和脱离了自然界的人在存在论上都是不可能的和不存在的。第二，马克思认为，由于人直接是自然的存在物，"人（和动物一样）靠无机界生活"，"人是自然界的一部分"，同时又是"社会存在物"；而"社会"的含义又紧密联系着人的实践活动，马克思说，"我"即使作为个人，"我也是社会的，因为我是作为人活动的"，"而且我本身的存在就是社会的活动"。③所以，马克思又在这个意义上把社会（活动）看成人与自然的统一的存在论根据：

---

①　马克思、恩格斯：《德意志意识形态》，载《马克思恩格斯选集》（第1卷），人民出版社1995年版，第76—77页。

②　马克思：《1844年经济学哲学手稿》，载《马克思恩格斯全集》（第42卷），人民出版社1979年版，第119页。

③　马克思：《1844年经济学哲学手稿》，载《马克思恩格斯全集》（第42卷），人民出版社1979年版，第95、122页。

　　只有在社会中，自然界对人说来才是人与人联系的纽带，才是他为别人的存在和别人为他的存在，才是人的现实的生活要素；只有在社会中，自然界才是人自己的人的存在的基础。只有在社会中，人的自然的存在对他说来才是他的人的存在，而自然界对他说来才成为人，因此，社会是人同自然界的完成了的本质的统一，是自然界的真正复活……①

这里说得再明白不过，只有在人类社会和社会的人的实践中，自然界才真正作为属人的自然界而进入人的现实生活，"才是人自己的人的存在的基础"。如果离开了社会的人和人类社会，自然界也就不成其为真正的自然界了，而只能成为无意义的存在物。关于这一点，马克思更清楚的表述是："如果把工业看成人的本质力量的公开的展示"，即看成人的实践活动成果的显现，"那么，自然界的人的本质，或者人的自然的本质，也就可以理解了"，"在人类历史中即在人类社会的产生过程中形成的自然界是人的现实的自然界；因此，通过工业——尽管以异化的形式——形成的自然界，是真正的、人类学的自然界"。②这里马克思特别强调的，一是认为相对于人而言的自然界有一个从无到有的"形成"或"生成"过

---

　　① 马克思：《1844年经济学哲学手稿》，载《马克思恩格斯全集》（第42卷），人民出版社1979年版，第122页。
　　② 马克思：《1844年经济学哲学手稿》，载《马克思恩格斯全集》（第42卷），人民出版社1979年版，第128页。

程，而非在人以前就已经"存在"的"现成存在物"；二是把自然界对人的生成过程纳入人类社会的历史中，而把人类历史看成"自然史"即"自然界成为人这一过程的一个现实部分"。①这样，这个自然界就是人的自然界或"人类学的自然界"，是在人类社会中生成的自然界。离开了人或人的实践活动，这个自然界就不复存在。第三，据此，马克思以实践为中心和出发点，对于人与自然的存在论关系，得出了极为清楚深刻的生成论结论。他强调指出，无论人还是自然界，原初都非二分或对立的现成存在物，而都是通过劳动实践历史地生成的："整个所谓世界历史不外是人通过人的劳动而诞生的过程，是自然界对人说来的生成过程，所以，关于他通过自身而诞生、关于他的产生过程，他有直观的、无可辩驳的证明。因为人和自然界的实在性，即人对人说来作为自然界的存在以及自然界对人说来作为人的存在，已经变成实践的、可以通过感觉直观的。"②可见，人与自然界都不是现成的、固定不变的存在物，它们的现实存在都是通过实践而历史地生成的。在此，马克思贯穿生成性思维的存在论思想正是通过其实践观得以展开和呈现的。马克思也正是借助生成论超越了主客二分的认识论思维方式，达到了实践观与存在论的有机结合。

再次，马克思将这一人与自然的关系的存在论思路贯彻到了对人与（整个）世界的关系的论述中。马克思明确指出："人不是抽象的蛰居于

---

① 马克思：《1844年经济学哲学手稿》，载《马克思恩格斯全集》（第42卷），人民出版社1979年版，第128页。

② 马克思：《1844年经济学哲学手稿》，载《马克思恩格斯全集》（第42卷），人民出版社1979年版，第131页。

世界之外的存在物。人就是人的世界。"①就是说，在原初意义上，人与世界是一体的、不可分割的，人不能须臾离开世界，只能在世界中存在，没有世界就没有人；同样，世界也离不开人，世界只对人有意义，没有人也无所谓世界；就像世界不是与人无关、离开人而独立自在、永恒不变的现成存在物一样，人也从来不是离开世界和他人的、固定不变的现成存在者，而是在"现实的生活过程"中存在和发展的。正是人的"这个能动的生活过程"即实践将人与世界建构成不可分割的一体，也构成了人在世界中的现实存在。所以，马克思的"人就是人的世界"的概括，典型地体现了现代的存在论思想。笔者在说明人与世界原初的一体关系时确实说过："譬如人和自然界的关系，没有人的时候，有没有自然界都值得怀疑，没有人，自然界充其量也只是一种存在而已。我觉得有了人才有自然界，人和自然是同时存在，周遭世界都成为人存在的环境、大地，对人而言，世界才有意义。人与世界在原初的存在论上不能分开，确定无疑的存在就是人在世界中存在，然后才能考虑其他问题。"②然而，这段话中的一个前提是"没有人的时候"，亦即人类形成或产生以前，比如在2.5亿年前的恐龙时代，现在被我们称为"自然界"的一切事物、存在物都只不过存在着而已，它们不是作为人的生存环境或作为相对于人而言、与人相互作用和相互生成的对象世界而存在的，更非现在意义上的人的（人类学的）自然

---

① 马克思：《〈黑格尔法哲学批判〉导言》，载《马克思恩格斯选集》（第1卷），人民出版社1995年版，第1页。

② 朱立元：《漫谈实践存在论美学——在华东师大中文系青年教师学术沙龙上的演讲》，《中文自学指导》2007年第1期。

界（世界）。正是在这个特定意义上，没有人，也就没有相对于人而言的世界（自然界），它们存在着，也只是存在着而已，但并非真正作为与人相关的世界（自然界）而存在的，不是今天意义上的现实的、人（生活、实践于其中）的世界（自然界）。这丝毫不涉及世界相对于人的意识而言的先在性、客观性问题，因为在人还没有的时候，哪来什么人的意识？没有人的（主观）意识，又哪来什么"客观存在"？所谓"典型的唯心主义"的指责不但毫无道理，而且恰恰暴露出他们主张的物质本体论是游离于人和人的社会实践的抽象的自然主义的本体论。

有些学者还把马克思"人就是人的世界"的命题与海德格尔的"此在在世界中此在"的命题等量齐观，实际上贬低了这个存在论命题的深刻性。人与世界是不可分的。一方面，人就存在于世界之中，而不在"世界之外"，这似乎与海氏的"此在在世"基本一样；但另一方面，"人就是人的世界"在三点上高于海德格尔：第一，世界只有一个，就是"人的世界"，没有人以外的世界，自然界只有进入人的社会实践，才成为"人的世界"；第二，"人就是人的世界"中的人和世界都不是孤立的、现成的存在物，人乃是实践着的现实的人，世界是人通过实践活动不断改变着的同时又不断确证着人的本质力量的属人的对象（自然界），是人与对象通过实践互动共生的、不断生成着的世界。在马克思看来，现存的"人的世界"——人类生活的对象世界、现实的感性世界——"不是某种开天辟地以来就直接存在的、始终如一的东西，而是工业和社会状况的产物，是历史的产物，是世世代代活动的结果……甚至连最简单的'感性确定性'

的对象也只是由于社会发展、由于工业和商业交往才提供给他的"①。第三，"人的世界"就是人的实践活动创造的世界，它是由工业等人的感性的实践活动创造、建构起来的，"这种活动、这种连续不断的感性劳动和创造、这种生产，正是整个现存的感性世界的基础，它哪怕只中断一年，费尔巴哈就会看到，不仅在自然界将发生巨大的变化，而且整个人类世界以及他自己的直观能力，甚至他本身的存在也会很快就没有了"②。这清楚地说明，人的（现存的感性）世界的基础是劳动实践，只有在实践中，整个"人的世界"包括人和自然界的如此这般的存在才显现出来。劳动实践一旦中断，整个"人的世界"包括每个个体都将不复存在。可见，劳动实践是人和世界存在的前提，人的存在和世界的存在都不是自在的、自明的。我们认为，这就是马克思实践观的存在论维度的核心内涵。

有些学者在"人的世界"问题上指责我们否定了物质第一性（统一性和客观性），实际上恰恰犯了费尔巴哈直观的唯物主义的错误。诚然，马克思肯定了相对于人的"外部自然界的优先地位仍然会保持着"（物质第一性），但他紧接着强调，"这种区别只有在人被看作是某种与自然界不同的东西时才有意义"。③这就是说，这种外部世界的优先性只有在人已经把自己与自然界区别开来、把自然界作为自己的认识和实践的对象时才

---

① 马克思、恩格斯：《德意志意识形态》，载《马克思恩格斯选集》（第1卷），人民出版社1995年版，第76页。

② 马克思、恩格斯：《德意志意识形态》，载《马克思恩格斯选集》（第1卷），人民出版社1995年版，第77页。

③ 马克思、恩格斯：《德意志意识形态》，载《马克思恩格斯选集》（第1卷），人民出版社1995年版，第77页。

有意义。如果自然界还没有作为与人发生认识和实践关系的对象时，这种优先性就毫无意义。在人类产生之前，这种优先性（客观性）更加无从谈起，因为它的前提都不存在了。正是在这个意义上，马克思尖锐地指出："被抽象地孤立地理解的、被固定为与人分离的自然界，对人说来也是无。"①马克思也是从实践观和存在论一体化的这一思路出发，深刻地批评费尔巴哈在"人的世界"问题上的直观的、自然的唯物主义，他批评费尔巴哈"从来不谈人的世界，而是每次都求救于外部自然界，而且是那个尚未置于人的统治之下的自然界"②，并一针见血地指出："先于人类历史而存在的那个自然界，不是费尔巴哈生活其中的自然界；这是一些除去在澳洲新出现的一些珊瑚岛以外今天在任何地方都不再存在的、因而对于费尔巴哈来说也是不存在的自然界。"③马克思这番深刻的见解在某种意义上就好像是直接针对那些学者说的。"先于人类历史而存在的那个自然界"或"物质"与人无关，不属于"人的世界"，因为人还没有产生，所以不存在对人的"优先地位"问题，就存在论而言，不存在唯物、唯心的问题。

　　纵观上文，有些学者主张"回到"的"物质本体论"中的"物质"，是脱离了人和人的实践活动的抽象的"物质"。这种抽象的"物质本体论"

<hr>

①　马克思：《1844年经济学哲学手稿》，载《马克思恩格斯全集》（第42卷），人民出版社1979年版，第178页。

②　中共中央马克思恩格斯列宁斯大林著作编译局编译：《德意志意识形态》（节选本），人民出版社2003年版，第41—42页。

③　中共中央马克思恩格斯列宁斯大林著作编译局编译：《德意志意识形态》（节选本），人民出版社2003年版，第21页。

曾遭到马克思的批评。马克思指出："只有当物按人的方式同人发生关系时，我才能在实践上按人的方式同物发生关系。"①这一从人的实践出发进行的批评，指出物质如果不按"人的方式"即实践方式同人发生关系，或者说，人以外或人产生以前的、从未进入人的实践活动（或视野）的物质，根本无所谓先在性、客观性，因而不具有"本体论的意义"，不能成为"本体"。马克思实际上否定了那种视人和人的实践无关的抽象的"物质本体论"。可与此相印证的是，马克思还批评了自然科学研究中存在的"抽象物质的（abstract materielle）"的观点，认为该物质观就其实质而言，"或者不如说是唯心主义的方向"，因为这种抽象的物质观拒绝"把工业看成人的本质力量的公开的展示"，不承认"自然界的人的本质，或者人的自然界的本质"，一句话，否认物质与人的实践活动的关系，否认自然界与人类历史不可分割的关系，否认自然科学和人的科学是"一门科学"，实质上否认一般唯物主义和历史的不可分割的关系。②这才是真正的唯心主义。正如马克思批评费尔巴哈直观的唯物主义时指出："当费尔巴哈是一个唯物主义者的时候，历史在他的视野之外；当他去探讨历史的时候，他不是一个唯物主义者。在他那里，唯物主义和历史是彼此完全脱离的。"③可见，同费尔巴哈一样，有些学者用抽象的物质本体论即一般

---

① 马克思：《1844年经济学哲学手稿》，载《马克思恩格斯全集》（第42卷），人民出版社1979年版，第124页。

② 马克思：《1844年经济学哲学手稿》，载《马克思恩格斯全集》（第42卷），人民出版社1979年版，第128页。

③ 马克思、恩格斯：《德意志意识形态》，载《马克思恩格斯选集》（第1卷），人民出版社1995年版，第78页。

唯物主义对实践存在论美学所做的批判中"唯物主义和历史是彼此完全脱离的",这不但不符合马克思实践唯物主义即历史唯物主义的观点,且实际上把马克思主义降低、倒退到了费尔巴哈直观的、自然的唯物主义和一切旧唯物主义的水平。这就是问题的关键所在。

第三章　实践存在论美学的根本思想来源：马克思的现代存在论思想

早在《1844年经济学哲学手稿》中，马克思就明确提出了现代存在论（Ontology，以往一直译为"本体论"）思想，早于一般认为海德格尔首先提出的"基础存在论"八十余年。关于这一点，学界还存在不同看法。这里笔者想首先从文献实证的角度出发，完整引用马克思提出存在论思想的德文原文及几种主要的译文，并加以比较，以确定其准确思想内涵；其次，对这段纲要式存在论思想的表述做一个"细读式"的文本解读，阐述其存在论思想何以是超越西方传统的"本体论"而属于"现代的"；再次，拟探讨一下《手稿》提出现代存在论的哲学、经济学、人类学、社会主义学说等的思想理论背景，以及以存在论为根基建构唯物史观的思想历程；进而最后谈谈笔者对马克思提出现代存在论思想的历史、理论和现实意义的认识。

一、关于中译文问题

让我们首先看一下《巴黎手稿》明确提出存在论思想的德文原文①：

||XLI| Wenn die *Empfindungen*, Leidenschaften etc d[es] Menschen nicht nur anthropologische Bestimmungen im [eigne]n②Sinn, sondern wahrhaft *ontologische* Wesens(Natur)bejahungen sind — und wenn sie nur dadurch wirklich sich bejahen, daß ihr *Gegenstand sinnlich* für sie ist, so versteht sich 1) daß die Weise ihrer Bejahung durchaus nicht eine und dieselbe ist, sondern vielmehr die unterschiedne Weise der Bejahung die Eigenthümlichkeit ihres Daseins, ihres Lebens bildet; die Weise, wie der Gegenstand für sie, ist die eigenthümliche Weise ihres *Genusses*; 2) da, wo die sinnliche Bejahung unmittelbares Aufheben des Gegenstandes in seiner selbstständigen Form ist (Essen, Trinken, Bearbeiten des Gegenstandes etc) ist dieß die Bejahung des Gegenstandes; 3) insofern der Mensch *menschlich*, also auch seine Empfindung etc *menschlich* ist, ist die Bejahung des Gegenstandes durch einen andern, ebenfalls sein eigner Genuß; 4) erst durch die entwickelte Industrie, i. e. durch die Vermittlung des Privateigenthums wird das ontologische Wesen

---

① 德语引文参考*Karl Marx, Friedrich Engels Gesamtausgabe*（MEGA）（《马克思恩格斯全集》历史考证版）第2卷，柏林Dietz Verlag1982年版，第318页。同时参考*Karl Marx, Friedrich Engels Weke*（《马克思恩格斯著作集》）第40卷，柏林Dietz Verlag1968年版，第562—563页。斜体为马克思手稿中带有下划线的文字。

② 《马克思恩格斯全集》历史考证版此处作"[eigne]n"（本来），《马克思恩格斯著作集》此处作"[engeren]"（狭义）。

der menschlichen Leidenschaft sowohl in seiner Totalität, als in seiner Menschlichkeit; die Wissenschaft vom Menschen ist also selbst ein Product der praktischen Selbstbethätigung d[es] Menschen; 5) der Sinn des Privateigenthums — losgelöst von seiner Entfremdung — ist das *Dasein* der *wesentlichen Gegenstände* für d[en] Menschen, sowohl als Gegenstand des Genusses, wie der Thätigkeit.—

在我国，《手稿》的这段文字有多个不完全相同的中译文，我们先选引中央编译局最新译本的如下译文：

[XLI] 如果人的感觉、激情等等不仅是［本来］意义上的人本学规定，而且是对本质（自然）的真正本体论的肯定；如果感觉、激情等等仅仅因为它们的对象对它们是感性地存在的而真正地得到肯定，那么不言而喻：（1）对它们的肯定方式决不是同样的，相反，不同的肯定方式构成它们的存在的、它们的生命的特殊性；对象对它们的存在方式，就是它们的享受的特有方式；（2）如果感性的肯定是对采取独立形式的对象的直接扬弃（吃、喝、对象的加工，等等），那么这就是对对象的肯定；（3）只要人是合乎人性的，因而他的感觉等等也是合乎人性的，那么对象为别人所肯定，这同样也就是他自己的享受；（4）只有通过发达的工业，也就是以私有财产为中介，人的激情的本体论本质才既在其总体上、又在其人性中存在；因此，关于人的科学本身是人在实践上的自我实现的产物；（5）私有财产的意

义——撇开私有财产的异化——就在于本质的对象——既作为享受的对象，又作为活动的对象——对人的存在。——①

无疑，这段译文是比较权威和可靠的，它相较于中央编译局此前的几版译文有重要修改。这里仅仅将之与较早的《马克思恩格斯全集》1979年版第42卷的译文②略作对比。其中主要修改处有：1.将"在［狭隘］意义上"改为"［本来］意义上"；将"如果感觉、激情等等仅仅通过它们的对象对它们感性地存在这一事实而真正肯定自己"改为"如果感觉、激情等等仅仅因为它们的对象对它们是感性地存在的而真正地得到肯定"，修改后的

---

①　马克思：《1844年经济学哲学手稿》，载《马克思恩格斯文集》（第1卷），人民出版社2009年版，第242页。《巴黎手稿》的这个译本是中央编译局根据1982年出版的《马克思恩格斯全集》历史考证版（MEGA2）第1部分第2卷刊出的按照手稿逻辑结构和思想内容编排的文本，对《马克思恩格斯全集》中文第1版所收的手稿译文进行了全面校订，编入《马克思恩格斯全集》中文第2版第3卷，并出版了单行本；2004年起，中央编译局对这部手稿的译文再次进行了审核和修订，并对注释和各种相关资料作了补充和勘正，编入2009年出版的《马克思恩格斯文集》第1卷。

②　该段译文是："［XLI］如果人的感觉、激情等等不仅是在［狭隘］意义上的人类学的规定，而且是真正本体论的本质（自然）肯定；如果感觉、激情等等仅仅通过它们的对象对它们感性地存在这一事实而真正肯定自己，那么，不言而喻的是：（1）它们的肯定方式决不是同样的，相反，不同的肯定方式构成它们的存在、它们的生命的特殊性；对象以怎样的方式构成它们的存在，这就是它们的享受的特有方式；（2）如果感性的肯定是对采取独立形态的对象的直接扬弃（如吃、喝、对象的加工，等等），那么这也就是对象的肯定；（3）只要人是人的，因而他的感觉等等也是人的，那么对象为他人所肯定，这同样是他自己的享受；（4）只有通过发达的工业，也就是以私有财产为中介，人的激情的本体论本质才能在总体上、合乎人性地实现；因此，关于人的科学本身是人在实践上的自我实现的产物；（5）如果撇开私有财产的异化，那么私有财产的意义就在于本质的对象——既作为享受的对象，又作为活动的对象——对人的存在。"马克思：《1844年经济学哲学手稿》，载《马克思恩格斯全集》（第42卷），人民出版社1979年版，第150页。

译文显得更精准；2.将"对象以怎样的方式构成它们的存在，这就是它们的享受的特有方式"改为"对象对它们的存在方式，就是它们的享受的特有方式"，后者更简略明白；3."insofern der Mensch *menschlich*, also auch seine Empfindung etc *menschlich* ist, ist die Bejahung des Gegenstandes durch einen andren, ebenfalls sein eigner Genuß"这一句，1979年版的译文为"只要人是人的，因而他的感觉等等也是人的，那么对象为他人所肯定，这同样是他自己的享受"，2009年版的译文改为"只要人是合乎人性的，因而他的感觉等等也是合乎人性的，那么对象为别人所肯定，这同样也就是他自己的享受"，"menschlich"译成"人的"为直译，译成"合乎人性"为意译；4."wird das ontologische Wesen der menschlichen Leidenschaft sowohl in seiner Totalität, als in seiner Menschlichkeit"这一句，1979年版译为"人的激情的本体论本质才能在总体上、合乎人性地实现"不够确切，新本改为"人的激情的本体论本质才既在其总体上、又在其人性中存在"，后者更加准确；5.《马克思恩格斯全集》1979年版："如果撇开私有财产的异化，那么私有财产的意义就在于本质的对象——既作为享受的对象，又作为活动的对象——对人的存在。"《马克思恩格斯文集》2009年版："私有财产的意义——撇开私有财产的异化——就在于本质的对象——既作为享受的对象，又作为活动的对象——对人的存在。"除了语序略有调整，译文基本没有变。

而2000年单行本的较新译文①更接近于新本，但"（3）只要人是人的，因而他的感觉等等也是人的"中，"menschlich"没有译成"合乎人

---

① 马克思：《1844年经济学哲学手稿》，中共中央马克思恩格斯列宁斯大林著作编译局译，人民出版社2000年版，第140页。

性的"；"因此，关于人的科学本身是人自己的实践活动的产物"，2000年单行本没有译成"因此，关于人的科学本身是人在实践上的自我实现的产物"，而1979年版译文同新本一样译为"人在实践上的自我实现的产物"，这是正确的（德文原文：ein Product der praktischen Selbstbethätigung d[es] Menschen）；不知为何2000年单行本没有把"人在实践上的自我实现"翻译出来。

需要强调的是，马克思这段话中两处出现了"ontologisch"（在第一句和第四点中），所有译本都译成"本体论的"，一般说来，这没有错，但是现在看来，更准确的译法应该是"存在论的"。因为在中文语境下，"本体""本体论"的概念更多与"本身""本质"等含义相关联，或者按照传统的"体用关系"，作为与"应用"相对的"本体"（根本）含义来使用。这里显然存在着某些误用。笔者是最早指出国内在文学、美学研究中这种对"本体""本体论"概念误用情况的学者之一。[①]前几年，笔者又专门考察了"ontology"概念的含义在西方哲学史上演变的历史，得出了如下结论：

> 从希腊哲学史和ontology的内在逻辑结构来说，"存在（有）"之义乃是基础的和在先的，对"本体"（"本原"）和"是什么"（"本质"）的追问是"存在论"的派生样态。问题是，从柏拉图、特别是亚里士多德开始，后面的派生样态逐渐上升到主导地位。

---

① 朱立元：《当代文学、美学研究中对"本体论"的误释》，《文学评论》1996年第6期。

自此经中世纪、文艺复兴，特别是近代一直到19世纪，无论是唯物主义者（如从霍尔巴赫等法国的唯物主义者到德国人类学唯物主义者费尔巴哈）以物质为终极本体的物质本体论，还是唯心主义者以精神为终极本体（如康德的"先验主体"、费希特的"自我"、黑格尔的"绝对精神"、叔本华的"意志"等）的精神本体论，无一例外，都走在这条实体化道路上。它们共同的特点就是遵循"实体性思维"。所谓"实体性思维"是在确信事物是静止不变的、且具有统一性和确定性这一前提下，相信可以从事物中分析或反思出实在之物的思维。……

……从亚里士多德开始、特别是近代以来，ontology的主导含义已经不是对"存在"本身意义的追问，而是对存在物（者）实体的关注。所以，将这一长时期形而上学的ontology翻译成实体性的"本体论"应该是恰当的。我们不妨将这个时期的实体性本体论称之为传统本体论。①

尤其需要重视的是，亚里士多德对"存在"on（being）范畴的研究开启了这一转向：ontology由研究什么是存在，转向对什么是存在的终极本体、实体的"第一本体"ousia的探求，这就使on（being）走向实体化，ontology走向本体论化，而这一趋势在之后的历史发展中逐渐被固化。问题是，到了德国古典哲学，特别是黑格尔哲学，这种实体性的"本体论"

① 朱立元：《对Ontlogy与唯物、唯心之关系的考察》，载《百越论丛》（第5辑），广西人民出版社2013年版，第13页。

开始发生变化，黑格尔的绝对精神一方面是精神实体，属于实体性"本体论"范畴；另一方面，其存在观视域下的"绝对精神"已经开始超越具有统一性和确定性的实体性思维，"存在"被黑格尔理解为绝对精神的"运动过程"，而这个过程是诸多概念依次结成的整体，"存在"就构成整个世界的"存在"，ontology的主要含义开始向"存在论"转化。黑格尔采用辩证逻辑思维取代了形式逻辑思维，即思维从最简单、最抽象的概念开始，通过一系列否定之否定（即规定性）演进到比较复杂、具体的概念，最后成为一个包含一切的"大全"，最终完成对存在范畴的思考。对于绝对精神发展第一阶段的"存在"概念，黑格尔用辩证思维揭示它的运动过程："最初的存在Sein"，是自在地被规定的，所以，它过渡到"Dasein"（定在），但定在作为有限的存在，扬弃了自身，并过渡到与自身的无限关系，即"自为之存在"。[①]绝对精神在这个阶段的发展过程简单地说就是：自在之Sein（存在）—Dasein（定在、实有、此在）—Fürsichsein（自为之存在）。显然，绝对精神的这种辩证发展已经不是用实体性的"本体论"所能概括的了。所以，将此前西方的Ontology翻译成中文"本体论"是恰当的；但是此后的Ontology翻译成"存在论"更加准确。[②]事实上，青

① 黑格尔：《逻辑学》（上卷），杨一之译，商务印书馆1966年版，第68页。译文有改动。

② 这个观点哲学界有过较为深入的讨论，取得了一定的共识。首先是杨学功、贺来先生提出此观点，经过讨论，受到较为普遍的认同。参看杨学功：《马克思主义哲学与"本体论"研究：分歧与出路》，《哲学研究》2001年第9期；《本体论哲学批判是马克思哲学变革的实质》，《哲学动态》2001年第10期。贺来：《"本体论"究竟是什么——评〈本体论研究〉》，《长白学刊》2001年第5期；《马克思哲学与"存在论"范式的转换》，《中国社会科学》2002年第5期。

年马克思在使用ontologisch时所面对的，已经不是典型的传统本体论，而是已经开始转型的现代存在论的雏形（黑格尔）。所以，译成"存在论的"更为恰当。这一点非常重要。①

另外需要注意的是，上述马克思这段话中还出现了两处Dasein（在第一点中和第五点中），所有中译本均译为"存在"，没有与Sein（存在）加以区别。德文Dasein是指对存在的肯定，可译为"此在""定在""亲在"等。它是海德格尔基础存在论的核心概念，哲学界较多译为"此在"，因而把海德格尔的存在论概括为"此在存在论"。近年，有的学者误以为"此在"（Dasein）是海德格尔发明并首先使用的。其实不然。不仅马克思《巴黎手稿》使用了多次，而且早在理性派哲学家沃尔夫那里就已经使用过。在康德、黑格尔那里，这个词使用得更多，而且是他们存在论的重要范畴。比如康德，从两个方面否定了存在概念，一方面通过对上帝存在之证明的反驳，推翻了作为最圆满的无限的绝对的最高存在first being，认为它仅仅是理性推导的结果；另一方面，他否定了"实存—实体"这一观念，认为它们是没有必要的。于是，他用了"此在"这个词来表达作为认识对象的"存在"。Dasein是da与Sein两个词的组合，康德自己的解释是"是被给定的"（ist gegeben）存在，如有的学者所说，它"主要指某种确定的存在物，即存在在某一特定时空中的东西，多译作

---

① 本书上面关于康德、黑格尔的存在论思想的论述，对《西方美学范畴史》第1卷（山西教育出版社2006年版）中刘旭光撰写的"存在"范畴的相关部分的考察多有吸收，特表感谢。

‘限有’‘定在’”①。这个词中最主要的东西是对“确定性”的强调，它指的是认识对象的确定性，更广泛地说，是指具体存在物（者）的确定性，在康德看来，存在只能是具体确定的存在物（者）的存在；同时，他认为Dasein的本质是对象性，是对象性的存在（作为认识对象的具体存在物）。只有对象性的存在是与现实性、确定性、当下性，亦即具体的知觉与具体的思维联系在一起的。②康德的认识论，把无所不包的最高存在being（Sein）规定为具体、被给定的存在Dasein。这构成了康德存在论的基础。再如黑格尔，他在《逻辑学》的一则注释中说：“谈到‘定在’（即Dasein——引者注）这一名词，必须提一提从前形而上学的上帝概念，它主要是用来作为所谓上帝存在的本体论证明的基础。”③他又说：“Dasein是规定了的存在（Sein），它的规定性是存在的规定性，即质。”④如前所述，绝对精神在概念“存在”阶段的运动是从自在之Sein（存在）到Dasein（定在或此在）再到Fürsichsein（自为之存在）的过程，Dasein是其中的过渡环节，是对无规定性的自在之Sein的否定，而自为存在则对“定在”再否定和扬弃，“包含存在与定在于自身内，……是包含区别并扬弃区别的

---

① 引自陈嘉映在《存在与时间》一书的附录中所做的说明，见海德格尔：《存在与时间》，陈嘉映、王庆节译，生活·读书·新知三联书店1999年版，第498页。

② 转引自Martin Heidegger, *The Basic Problems of Phenomenology*, trans. Albert Hofstadter,（Blooming: Indiana University Press, 1982），p.40.

③ 黑格尔：《逻辑学》（上卷），杨一之译，商务印书馆1966年版，第104页。译文有改动。

④ 黑格尔：《逻辑学》（上卷），杨一之译，商务印书馆1966年版，第100页。译文有改动。

无限的规定性"①。可见，Dasein 在黑格尔存在论中是辩证运动和辩证思维不可缺少的中间环节。对马克思《手稿》中所使用 Dasein 的含义似乎应该与德国古典哲学对该范畴的使用联系起来思考。

这里特别要指出的是，我国学者邓晓芒对马克思《手稿》使用 Dasein（邓晓芒译作"此在"）概念做出了唯物史观的阐释，极富启发性：

> 作为马克思的唯物主义的基石的存在概念本身是建立在人的"此在（Dasein）"之上的。……例如马克思说："任何一个存在物只有当它立足于自身的时候，才被看作独立的，而只有当它依靠自己而此在（Dasein）的时候，它才是立足于自身"（马克思：《1844 年经济学—哲学手稿》，刘丕坤译，人民出版社1979 年版，第82—83页，译文有改动。——邓晓芒原注。），"因此，对私有财产的积极的扬弃，作为对人性的生命的占有，就是对一切异化的积极扬弃，因而是人从宗教、家庭、国家等等向自己的人性的、也就是社会性的此在（Dasein）的复归"（马克思：《1844 年经济学—哲学手稿》，刘丕坤译，人民出版社1979年版，第 74页，译文有改动。——邓晓芒原注。）。②

---

① 黑格尔：《小逻辑》，贺麟译，商务印书馆1980年版，第211—212页。贺麟先生译Dasein为"定在"。

② 邓晓芒：《马克思论"存在与时间"》，载《实践唯物论新解：开出现象学之维》，武汉大学出版社2007年版，第302页。其中《马克思恩格斯文集》第1卷（人民出版社2009年版）第195页的译文为："任何一个存在物只有当它用自己的双脚站立的时候，才认为自己是独立的，而且只有当它依靠自己而存在的时候，它才是用自己的双脚站立的。"译文有所不同，但是意义是一致的。

接着，邓晓芒对此观点进行了更详细的、有说服力的论证。由此可见，他把Dasein作为马克思建构唯物史观的理论出发点。笔者对此深表赞同。因为，这足以证明马克思对康德、黑格尔的Sein和Dasein范畴的继承、发展和推进，马克思使Dasein具备了现代性的新内涵。

二、对《巴黎手稿》"存在论"集中表述的现代解读

下面，笔者拟对上引马克思《手稿》中的这段话，以中央编译局最新译本的译文为基准（个别译文依据其他译本；但根据上述理由，两处ontologisch由"本体论的"改译为"存在论的"，两处 Dasein 由"存在"改译为"此在"），联系《手稿》及马克思其他著作的相关论述，试逐句做一解读，尽可能回到马克思这些论述的原初语境和本来含义。

第一句话："如果人的感觉、激情等等不仅是［本来］意义上的人本学规定，而且是对本质（自然）的真正存在论的肯定；如果感觉、激情等等仅仅因为它们的对象对它们是感性地存在的而真正地得到肯定，那么不言而喻"。

在此，马克思明确提出"存在论"问题，并将其作为整个这段话的理论前提和总纲；而且他在这里把"存在论的"与"人本学的"（anthropologisch，亦译"人类学的"）对比起来谈，把"存在论"的肯定看得高于"人本（类）学"。他认为仅仅从人本（类）学角度谈论人的感觉、激情等是不够的，必须从"存在论"视角把人的感觉、激情等看成是对本质（自然）

的真正肯定，即"感觉、激情等等仅仅因为它们的对象对它们是感性地存在的"而现实地肯定自己。

这句话里有几个关键词：感觉、感性；激情；对象、对象性。对于这几个关键词，《手稿》中有一段从存在论角度论述的话，对理解上面这句话非常重要："人作为对象性的、感性的存在物，……是一个有激情的存在物。激情、热情是人强烈追求自己的对象的本质力量。"①可见：

（一）人是"对象性的、感性的存在物"。人首先是对象性的存在物（者），因为"非对象性的存在物是非存在物〔Unwesen〕"，换言之，"非对象性的存在物，是一种非现实的、非感性的、只是思想上的即只是虚构出来的存在物"。②因此，现实的而不是虚构的人，只能是对象性的存在物（者）。同时，现实的人也只能是感性的存在物（者），因为"说一个东西是感性的即现实的，这是说，它是感觉的对象，是感性的对象，从而在自己之外有感性的对象，有自己的感性的对象"③。现实的、感性的人，必定"在自己之外有感性的对象"。一句话，"对象性的、感性的存在物"是对人的最基本的存在论的规定。据此，马克思还从对象性角度揭示和确定人的社会性本质，他说："只有当对象对人来说成为人的对象或者说成为对象性的人的时候，人才不致在自己的对象中丧失自身。

---

① 马克思：《1844年经济学哲学手稿》，载《马克思恩格斯全集》（第42卷），人民出版社1979年版，第169页。

② 马克思：《1844年经济学哲学手稿》，载《马克思恩格斯全集》（第42卷），人民出版社1979年版，第168页。

③ 马克思：《1844年经济学哲学手稿》，载《马克思恩格斯全集》（第42卷），人民出版社1979年版，第169页。

只有当对象对人来说成为社会的对象，人本身对自己来说成为社会的存在物，而社会在这个对象中对人来说成为本质的时候，这种情况才是可能的。"①

　　（二）人是通过感性的实践活动而达到"对本质（自然）的真正存在论的肯定"。这里首先需要说明的是，马克思这里何以将自然（Natur）与本质（Wesen）两个词等同使用。笔者认为这是有深意的。《手稿》在另一处论及扬弃宗教和共产主义是"人的解放和复原的一个现实的、对下一段历史发展来说是必然的环节"时说，社会主义"是从把人和自然界看做本质这种理论上和实践上的感性意识开始的"。②请注意，这里马克思告诉我们，这种"感性意识"是把作为互为对象的"人和自然界""看做本质"，看作人的本质通过感性活动而形成自然的本质。因此，"人和自然界的实在性，即人对人来说作为自然界的存在以及自然界对人来说作为人的存在，已经成为实际的、可以通过感觉直观的"③。而这正是"对本质（自然）的真正存在论的肯定"。也正是在把自然界"看做本质"的存在论意义上，马克思明确指出，"人对自然的关系直接就是人对人的关系，正像人对人的关系直接就是人对自然的关系，就是他自己的自然的规定。因此，这种关系通过感性的形式，作为一种显而易见的事实，表现出

---

① 马克思：《1844年经济学哲学手稿》，载《马克思恩格斯文集》（第1卷），人民出版社2009年版，第190页。

② 马克思：《1844年经济学哲学手稿》，载《马克思恩格斯文集》（第1卷），人民出版社2009年版，第197页。

③ 马克思：《1844年经济学哲学手稿》，载《马克思恩格斯文集》（第1卷），人民出版社2009年版，第196页。

人的本质在何种程度上对人来说成为自然，或者自然在何种程度上成为人具有的人的本质"[1]。其次，这种对本质（自然）的存在论的肯定，实际上也就是"感觉、激情等等仅仅因为它们的对象对它们是感性地存在的而真正地得到肯定"。这里，马克思把感觉特别是激情，看成人的对象性的本质，因为"对象性的本质在我身上的统治，我的本质活动的感性爆发，是激情，从而激情在这里就成了我的本质的活动"[2]。这就是说，人是通过他的感觉、激情等自身的"本质力量"对自然对象进行"感性的肯定"——通过对象化的感性活动来肯定、确证自身；也就是说，人的这些"本质力量"由于其对象"对它们是感性地存在的"，即通过对象化的感性活动而"真正地得到肯定"。

（三）这里需要进一步说明感性、激情等的含义。在稍晚于《手稿》的《关于费尔巴哈的提纲》中，马克思明确指出，"从前的一切唯物主义（包括费尔巴哈的唯物主义）的主要缺点是：对对象、现实、感性，只是从客体的或者直观的形式去理解，而不是把它们当做感性的人的活动，当做实践去理解，不是从主体方面去理解"，"费尔巴哈想要研究跟思想客体确实不同的感性客体，但是他没有把人的活动本身理解为对象性的［gegenständliche］活动"。[3]马克思通过对费尔巴哈直观唯物主义的批

---

① 马克思：《1844年经济学哲学手稿》，载《马克思恩格斯文集》（第1卷），人民出版社2009年版，第184页。

② 马克思：《1844年经济学哲学手稿》，载《马克思恩格斯文集》（第1卷），人民出版社2009年版，第195页。

③ 马克思：《关于费尔巴哈的提纲》，载《马克思恩格斯选集》（第1卷），人民出版社2012年版，第133页。

判，从主体方面、感性的人的实践活动方面清楚地解释了上引这句话中的感觉、感性、激情、热情，它们"是人强烈追求自己的对象的本质力量"[①]，人们不能仅从客体方面去理解，而是还应该从主体方面把它们当作人的感性活动即实践活动来理解。也就是说，感觉、感性、激情、热情等是人与"感性客体"（主要是自然）之间的对象性活动，是人的这些本质力量对象化的实践活动，亦即人化自然的活动。

（四）人与自然的对象性关系。人正是通过这种对象性实践活动，使自然得到感性的、"真正存在论的肯定"。《手稿》指出："人不仅仅是自然存在物，而且是人的自然存在物，……正象人的对象不是直接呈现出来的自然对象一样，直接地客观地存在着的人的感觉，也不是人的感性、人的对象性。自然界，无论是客观的还是主观的，都不是直接地同人的存在物相适应的。"[②]这就是说，作为存在物（者），人与自然界不是直接地各自独立地存在着和相适应的，二者的对象性关系，是间接地、通过人的感性活动（实践）而建立起来的。马克思在《德意志意识形态》中，同样不是离开人、直接地、孤立地谈论自然界物质世界的存在问题，而是从存在论角度，从人的实践即"感性活动"的角度来间接地理解和论述自然界（即人周围的感性世界）的存在的。他批评费尔巴哈"没有看到，他周围的感性世界决不是某种开天辟地以来就直接存在的、始终如一

---

① 马克思：《1844年经济学哲学手稿》，载《马克思恩格斯全集》（第42卷），人民出版社1979年版，第169页。

② 马克思：《1844年经济学哲学手稿》，载《马克思恩格斯全集》（第42卷），人民出版社1979年版，第169页。

的东西，而是工业和社会状况的产物，是历史的产物，是世世代代活动的结果"①，这就彻底否定了费尔巴哈心目中那种与人无关的、纯粹客观的物质自然界的直接存在。这是由于费尔巴哈不懂得人的"实践"，没有把"实践"理解为感性世界（自然界）的存在论规定。正是在存在论意义上，马克思认为，当我们意识和理解到上述这些自然现象时，它事实上已经进入人的存在和实践活动中，而只有进入人的存在视域，这些自然现象才能被人们所认识到。所以马克思斩钉截铁地指出："被抽象地理解的，自为的，被确定为与人分隔开来的自然界，对人来说也是无。"②这充分表明，马克思存在论思想的核心观点就是只有通过感性（实践）活动，人与自然界才真正地统一起来。

第二句话："（1）对它们的肯定方式决不是同样的，相反，不同的肯定方式构成它们的此在、它们的生命的特殊性；对象对它们的存在方式，就是它们的享受的特有方式"。

必须指出，"对本质（自然）的真正存在论的肯定"方式不是单一的、同样的，而是不同的、多样的。何以然？马克思在论及"对私有财产的积极的扬弃"时实际上回答了这个问题，他说："人对世界的任何一种人的关系——视觉、听觉、嗅觉、味觉、触觉、思维、直观、情感、愿

---

① 马克思、恩格斯：《德意志意识形态》，载《马克思恩格斯选集》（第1卷），人民出版社1995年版，第76页。

② 马克思：《1844年经济学哲学手稿》，载《马克思恩格斯全集》（第3卷），人民出版社2002年版，第335页。

望、活动、爱，——总之，他的个体的一切器官，正像在形式上直接是社会的器官的那些器官一样，［Ⅶ］是通过自己的对象性关系，即通过自己同对象的关系而对对象的占有，对人的现实的占有；这些器官同对象的关系，是人的现实的实现（因此，正像人的本质规定和活动是多种多样的一样，人的现实也是多种多样的），是人的能动和人的受动，因为按人的方式来理解的受动，是人的一种自我享受。"①《手稿》另一处说："不仅五官感觉，而且连所谓精神感觉、实践感觉（意志、爱等等），一句话，人的感觉、感觉的人性，都是由于它的对象的存在，由于人化的自然界，才产生出来的。"②

　　这里，马克思是从人的本质力量的角度对"器官"做了广义设定，既包括"五官感觉"等感官，也包括"精神感觉、实践感觉"等精神性"器官"。这就解释了人通过对自然的感性肯定即人化的自然，生成了丰富多样的人的感觉、器官，"已经生成的社会创造着具有人的本质的这种全部丰富性的人，创造着具有丰富的、全面而深刻的感觉的人作为这个社会的恒久的现实"③。这里，马克思在强调人的社会本质及人与社会的相互生成的同时，着重阐明了：正是由于人的器官（广义）是多种多样的，同样，"人的本质规定和活动是多种多样的"，因而它们同对象的现实关

---

　　①　马克思：《1844年经济学哲学手稿》，载《马克思恩格斯文集》（第1卷），人民出版社2009年版，第189页。

　　②　马克思：《1844年经济学哲学手稿》，载《马克思恩格斯文集》（第1卷），人民出版社2009年版，第191页。

　　③　马克思：《1844年经济学哲学手稿》，载《马克思恩格斯文集》（第1卷），人民出版社2009年版，第192页。

系、它们对对象（自然）的肯定方式即"人化的自然界"或自然界的人化的方式，必定也是多种多样的；而且，人多样化的能动地肯定对象的方式，同时也是人多样化"受动"地"自我享受"的方式。正因为上述肯定方式是多种多样、各不相同的，所以，每一种肯定方式构成其特定的存在即"此在"（Dasein）。具体而言，这取决于所肯定的对象的性质与主体的感觉等独特的本质力量（特定的器官）之间的不同关系。《手稿》清晰而辩证地阐述了这种存在论关系：

对象如何对他来说成为他的对象，这取决于对象的性质以及与之相适应的本质力量的性质；因为正是这种关系的规定性形成一种特殊的、现实的肯定方式。眼睛对对象的感觉不同于耳朵，眼睛的对象是不同于耳朵的对象的。每一种本质力量的独特性，恰好就是这种本质力量的独特的本质，因而也是它的对象化的独特方式，是它的对象性的、现实的、活生生的存在的独特方式……

另一方面，即从主体方面来看：只有音乐才激起人的音乐感；对于没有音乐感的耳朵来说，最美的音乐也毫无意义，不是对象，因为我的对象只能是我的一种本质力量的确证，就是说，它只能像我的本质力量作为一种主体能力自为地存在着那样才对我而存在，因为任何一个对象对我的意义（它只是对那个与它相适应的感觉来说才有意义）恰好都以我的感觉所及的程度为限。①

---

① 马克思：《1844年经济学哲学手稿》，载《马克思恩格斯文集》（第1卷），人民出版社2009年版，第191页。

这段引文比较长，但是说得一清二楚，无须补充，包括对前引的后面一句"对象对它们的存在方式，就是它们的享受的特有方式"也说明白了。

第三、四两句话："（2）如果感性的肯定是对采取独立形式的对象的直接扬弃（吃、喝、对象的加工，等等），那么这就是对对象的肯定，（3）只要人是合乎人性的，因而他的感觉等等也是合乎人性的，那么对象为别人所肯定，这同样也就是他自己的享受"。

前一句主要是讲"感性的肯定"即人的感性实践活动对对象采取不同的独特方式的"直接扬弃"，包括吃喝方式和加工对象等主要方式。

吃喝方式是人最低级却是最基础的生存和实践方式。按照黑格尔的说法，吃喝乃是"最不适合心灵特色的掌握方式"，它"是单纯的感性掌握。……在这种对外在世界起欲望的关系之中，人是以感性的个别事物的身分去对待本身也是个别事物的外在对象，……用它们来维持自己，利用它们，吃掉它们，牺牲它们来满足自己"。[①]但是，在马克思那里，吃喝这种对"对象的直接扬弃"的低级实践方式，却同时是人类生存的第一个前提。马克思说："我们首先应当确定一切人类生存的第一个前提，也就是一切历史的第一个前提，这个前提是：人们为了能够'创造历史'，必须能够生活。但是为了生活，首先就需要吃喝住穿以及其他一些

---

① 黑格尔：《美学》（第1卷），朱光潜译，商务印书馆1979年版，第45—46页。

东西。"①吃喝住穿这种对对象直接扬弃的方式，因此就成为建构唯物史观的最基础前提。从人"为了生活"的最基本需求出发，马克思推出了较高级的实践活动——物质生产活动："第一个历史活动就是生产满足这些需要的资料，即生产物质生活本身。"②物质生产虽然仍然是对对象（自然）的直接扬弃方式，却也是上引文中对"对象的加工"方式，它不一定直接消灭对象，但实际上消耗和改变了对象，生产出吃喝住穿等满足人们生存、发展基本需求的生活资料。《手稿》提出这两种对对象的感性肯定方式，实质上也就从存在论角度肯定了"一切历史的第一个前提"的必然性，从而迈出了走向唯物史观的重要一步。

后面这句话是关于人对自然的感性肯定（实践）方式的人类学论述，实际上也从特定角度肯定了人和人性的社会性（本质）。在《手稿》中，马克思有时虽然仍沿用（借用）了费尔巴哈人类（本）学的某种用语，如"类生活""类存在""类本质"等，但在实际使用时"类"的含义等同于"人类"或"人"，而且始终用社会、社会性来界定人性和人的本质。比如讲到"人的个体生活和类生活不是各不相同的"，因为"尽管个体生活的存在方式是——必然是——类生活的较为特殊的或者较为普遍的方式，而类生活是较为特殊的或者较为普遍的个体生活"这一关系时，马克思明确指出，"应当避免重新把'社会'当做抽象的东西同个体对立起来。个

---

① 马克思、恩格斯：《德意志意识形态》，载《马克思恩格斯选集》（第1卷），人民出版社1995年版，第78—79页。

② 马克思、恩格斯：《德意志意识形态》，载《马克思恩格斯选集》（第1卷），人民出版社1995年版，第79页。

体是社会存在物"。①在下面这段关于共产主义运动性质的极为重要的论述中，马克思深刻地论述了人与社会互相生成的辩证关系，论述了普遍人性的存在及其社会性质：

> 社会性质是整个运动的普遍性质；正像社会本身生产作为人的人一样，社会也是由人生产的。活动和享受，无论就其内容或就其存在方式来说，都是社会的活动和社会的享受。自然界的人的本质只有对社会的人来说才是存在的；因为只有在社会中，自然界对人来说才是人与人联系的纽带，才是他为别人的存在和别人为他的存在，只有在社会中，自然界才是人自己的合乎人性的存在的基础，才是人的现实的生活要素。只有在社会中，人的自然的存在对他来说才是人的合乎人性的存在，并且自然界对他来说才成为人。因此，社会是人同自然界的完成了的本质的统一，是自然界的真正复活，是人的实现了的自然主义和自然界的实现了的人道主义。②

这段话论证了人对自然的感性肯定，即人的本质的对象化或"人化的自然界"，都既合乎普遍人性，又是社会性质的，正是在社会中，自然界才成为人化的、符合人性的存在论基础；同时，个人与他人的活动和享受也都

---

① 马克思：《1844年经济学哲学手稿》，载《马克思恩格斯文集》（第1卷），人民出版社2009年版，第188页。

② 马克思：《1844年经济学哲学手稿》，载《马克思恩格斯文集》（第1卷），人民出版社2009年版，第187页。

基于普遍人性，都是社会的活动和社会的享受，因此，在社会中，个人之间的感性肯定（活动）与享受具有合乎人性的共同基础和一致性，必定可以互动和互通，"对象为别人所肯定，这同样也就是他自己的享受"。对于这一思想，在与《手稿》同一时期（1844年上半年）撰写的《詹姆斯·穆勒〈政治经济学原理〉一书摘要》中，马克思也有清楚的表述，他说：

> 假定我们作为人进行生产。在这种情况下，我们每个人在自己的生产过程中就双重地肯定了自己和另一个人：（1）我在我的生产中物化了我的个性和我的个性的特点，因此我既在活动时享受了个人的生命表现，又在对产品的直观中由于认识到我的个性是物质的、可以直观地感知的因而是毫无疑问的权力而感受到个人的乐趣。（2）在你享受或使用我的产品时，我直接享受到的是：既意识到我的劳动满足了人的需要，从而物化了人的本质，又创造了与另一个人的本质的需要相符合的物品。（3）对你来说，我是你与类之间的中介人，你自己意识到和感觉到我是你自己本质的补充，是你自己不可分割的一部分，从而我认识到我自己被你的思想和你的爱所证实。（4）在我个人的生命表现中，我直接创造了你的生命表现，因而在我个人的活动中，我直接证实和实现了我的真正的本质，即我的人的本质，我的社会的本质。①

---

① 马克思：《詹姆斯·穆勒〈政治经济学原理〉一书摘要》，载《马克思恩格斯全集》（第42卷），人民出版社1979年版，第37页。

这段话是讲人作为人（类，社会的、合乎人性的个人）在非异化条件下的生产劳动活动。它一方面是个体"我""个人的生命表现"，从中"我"可以"感受到个人的乐趣"；另一方面，"我"的个人劳动也满足了他人"你"的需要，"我""个人的生命表现"同时创造了"你"的生命表现，"我"实现了我的"人"（类，社会、合乎人性）的本质。这就是"双重地肯定了自己和另一个人"的人类学、社会性含义，体现出对人道（本）主义价值尺度的肯定。

　　第五句话："（4）只有通过发达的工业（Industrie），也就是以私有财产为中介，人的激情的存在论（ontologisch）本质才既在其总体上、又在其人性中存在；因此，关于人的科学本身是人在实践上的自我实现的产物"。

　　这里首先要说明"工业"在《手稿》中的极为重要和独特的含义。与以往种种满足于"仅仅从外在的有用性这种关系来理解"工业不同，马克思是在"同人的本质的联系上"界定"物质的工业"，认为"全部人的活动迄今为止都是劳动，也就是工业，就是同自身相异化的活动"，"人的对象化的本质力量以感性的、异己的、有用的对象的形式，以异化的形式呈现在我们面前"。①第一，把迄今"全部人的活动"都概括为"劳动"实践；第二，劳动就是工业，劳动即工业本质上是人的本质力量的感性的

---

① 马克思：《1844年经济学哲学手稿》，载《马克思恩格斯文集》（第1卷），人民出版社2009年版，第192、193页。

对象化活动；第三，人类历史上不同时期的劳动即工业都是以异化的形式呈现出来的活动，虽然异化的形式、程度存在不同。

其次，"发达的工业"是指私有财产制发展到资本主义阶段时最后、最严重的异化劳动形式。人的激情的存在论本质，不是一般地作为本质力量对象化得以实现，而是只有通过发达的资本主义工业即最严重的异化劳动的形式，以资本主义私有财产制为中介，才能在总体上得以实现。《手稿》在"异化劳动和私有财产"这个哲学—经济学大问题、大框架下，"从当前的经济事实出发"，即从资本主义制度下工人劳动被异化的现实出发，深刻揭示和批判道："工人生产的财富越多，他的产品的力量和数量越大，他就越贫穷。工人创造的商品越多，他就越变成廉价的商品。物的世界的增值同人的世界的贬值成正比。"①马克思进而按照人道（本）主义和现实社会的阶级分析相结合的逻辑，步步深入地揭示出私有财产条件下异化劳动的四个基本规定，并高屋建瓴地将异化劳动归结为人与人的社会关系的异化，他说："在实践的、现实的世界中，自我异化只有通过对他人的实践的、现实的关系才表现出来。异化借以实现的手段本身就是实践的。因此，通过异化劳动，人不仅生产出他对作为异己的、敌对的力量的生产对象和生产行为的关系，而且还生产出他人对他的生产和他的产品的关系，以及他对这些他人的关系。……也生产出不生产的人对生产和产品的支配。正像他使他自己的活动同自身相异化一样，他也使与他相

---

① 马克思：《1844年经济学哲学手稿》，中共中央马克思恩格斯列宁斯大林著作编译局译，人民出版社2000年版，第51页。

异的人占有非自身的活动。"①换言之，异化劳动不但生成了人的自我异化，而且生成了人（工人）的异己的、对立的力量——资本家，生成了工人与资本家对立的现实关系。这就是总体上人的激情的存在论本质在现实上、实践中的体现。

再次，这种存在论本质怎么"又在其人性中存在"呢？《手稿》指出，"如果把工业看成人的本质力量的公开的展示，那么自然界的人的本质，或者人的自然的本质，也就可以理解了"，又说，"在人类历史中即在人类社会的形成过程中生成的自然界，是人的现实的自然界；因此，通过工业——尽管以异化的形式——形成的自然界，是真正的、人本学的自然界"。②换言之，人的激情的存在论本质就体现为通过工业（异化劳动形式）才形成了真正"人本（类）学的自然界"，即体现人性、人的本质力量的自然界。

最后，如何理解"关于人的科学本身是人在实践上的自我实现的产物"？

《手稿》抓住工业（劳动）与自然界、自然科学的本质性联系，一针见血地指出，"工业是自然界对人，因而也是自然科学对人的现实的历史关系"。这种关系现实地体现为，在那个特定的历史时期，自然科学作为在异化劳动条件下人的本质力量，通过工业（劳动活动）而使自然界日

---

① 马克思：《1844年经济学哲学手稿》，中共中央马克思恩格斯列宁斯大林著作编译局译，人民出版社2000年版，第60—61页。

② 马克思：《1844年经济学哲学手稿》，载《马克思恩格斯文集》（第1卷），人民出版社2009年版，第193页。

益人化，人也因此"在实践上"日益获得的"自我实现"。正如马克思所说，"自然科学却通过工业日益在实践上进入人的生活，改造人的生活，并为人的解放作准备，尽管它不得不直接地使非人化充分发展"。①这就是说，资本主义工业异化（非人化）劳动的"充分发展"，使自然科学不再是纯粹研究自然界的科学，而是日益进入和改造人的生活，于是，自然科学就"成为人的科学的基础，正像它现在已经——尽管以异化的形式——成了真正人的生活的基础一样"②。这是从存在论角度揭示出资本主义异化劳动条件下人的科学、人的生活背后的自然科学基础。

更重要的是，从"人的科学"的研究对象来说，"自然界是关于人的科学的直接对象。人的第一个对象——人——就是自然界、感性；而那些特殊的、人的、感性的本质力量，正如它们只有在自然对象中才能得到客观的实现一样，只有在关于自然本质的科学中才能获得它们的自我认识"③。换言之，人的科学就是以人的感性的本质力量如何在自然对象中得到以"自我实现"为研究对象，即以自然的人化为研究对象的。正是在这个意义上，"自然科学往后将包括关于人的科学，正像关于人的科学包括自然科学一样：这将是一门科学"④。

---

① 马克思：《1844年经济学哲学手稿》，载《马克思恩格斯文集》（第1卷），人民出版社2009年版，第193页。

② 马克思：《1844年经济学哲学手稿》，载《马克思恩格斯文集》（第1卷），人民出版社2009年版，第193页。

③ 马克思：《1844年经济学哲学手稿》，载《马克思恩格斯文集》（第1卷），人民出版社2009年版，第194页。

④ 马克思：《1844年经济学哲学手稿》，载《马克思恩格斯文集》（第1卷），人民出版社2009年版，第194页。

最后一句话："（5）私有财产的意义——撇开私有财产的异化——就在于本质的对象——既作为享受的对象，又作为活动的对象——对人的此在。"①

这里首先要说明私有财产与异化劳动的本质性辩证关系。马克思指出，通过外化（异化）劳动这一概念的分析表明，"尽管私有财产表现为外化劳动的根据和原因，但确切地说，它是外化劳动的后果"②。这句话包括两层意思：

一是私有财产即资本主义私有制是产生异化劳动的根据和原因。如果没有资本主义私有财产制度，那么人们的劳动就是生命的自由自主的、对象化的表现，正是私有财产才造成了工人劳动的异化。因为，在非异化劳动的条件下，人通过能动地改造对象世界，"自然界才表现为他的作品和他的现实。因此，劳动的对象是人的类生活的对象化：人不仅像在意识中那样在精神上使自己二重化，而且能动地、现实地使自己二重化，从而在他所创造的世界中直观自身"；然而，资本主义私有财产制度，使得工人的劳动成为异化劳动，异化劳动"从人那里夺去了他的生产的对象，也就从人那里夺去了他的类生活，即他的现实的类对象性，把人对动物所具有的优点变成缺点"，把人降低到动物的水平，也"把自主活动、自由活动

---

① 根据德语句式结构，此句似可翻译为"私有财产的意义——撇开私有财产的异化——是对人本质性对象的此在（ist das Dasein der wesentlichen Gegenstqände für d[en] Menschen），既作为享受的对象，又作为活动的对象"，更加清楚明白。

② 马克思：《1844年经济学哲学手稿》，载《马克思恩格斯文集》（第1卷），人民出版社2009年版，第166页。

贬低为手段，也就把人的类生活变成维持人的肉体生存的手段"。[①]由此看来，私有财产是产生异化劳动的根据和原因。

二是如前文所讲，通过异化的、外化的劳动，工人"生产"出一个同自己劳动相异化、相对立的资产阶级，即生产出资本家压迫工人的资本主义私有财产关系，就此而言，"私有财产是外化劳动即工人对自然界和对自身的外在关系的产物、结果和必然后果"[②]，也就是说，私有财产反过来成为异化劳动的必然结果。

《手稿》归纳这两层意思，深刻地指出，私有财产与异化劳动单方面的因果关系，"后来……就变成相互作用的关系"，形成互为原因、互为结果的辩证关系。但是需要强调的是，马克思明确指出私有财产与异化劳动这种辩证关系的形成是需要有特定条件的——资本主义这个私有制发展到最高、最后形式，即"私有财产只有发展到最后的、最高的阶段，它的这个秘密才重新暴露出来，就是说，私有财产一方面是外化劳动的产物，另一方面又是劳动借以外化的手段，是这一外化的实现"。[③]显而易见，《手稿》时时处处把批判的矛头指向资本主义的私有财产制。

需要注意的是，对于"私有财产的意义"，马克思是在"撇开私有财产的异化"的特定条件（前提）下来谈论的，笔者理解为这就是指未来

---

① 马克思：《1844年经济学哲学手稿》，载《马克思恩格斯文集》（第1卷），人民出版社2009年版，第163页。

② 马克思：《1844年经济学哲学手稿》，载《马克思恩格斯文集》（第1卷），人民出版社2009年版，第166页。

③ 马克思：《1844年经济学哲学手稿》，载《马克思恩格斯文集》（第1卷），人民出版社2009年版，第166页。

共产主义对私有财产的积极扬弃，也即"人的自我异化的积极的扬弃"① 这个特定条件。私有财产的存在论意义，只有在这个特定条件下才显示出来。《手稿》指出，对异化劳动的积极扬弃，是重新占有被异化了的人的本质，"是通过人并且为了人而对人的本质的真正占有"②；具体而言，在存在论意义上，"对私有财产的积极的扬弃，就是说，为了人并且通过人对人的本质和人的生命、对象性的人和人的产品的感性的占有，不应当仅仅被理解为直接的、片面的享受，不应当仅仅被理解为占有、拥有。人以一种全面的方式，就是说，作为一个完整的人，占有自己的全面的本质"③。这样的人，是扬弃了异化劳动和私有财产条件下的特定的新人即"此在"，而不是一般的"存在物（者）"。而且，这个"此在"，"是通过自己的对象性关系，即通过自己同对象的关系而对对象的占有，对人的现实的占有；……是人的能动和人的受动，因为按人的方式来理解的受动，是人的一种自我享受"④。一句话，积极扬弃私有财产的意义，就在于生成"既作为享受的对象，又作为活动的对象"的"对人本质性对象的此在"。

---

① 马克思：《1844年经济学哲学手稿》，载《马克思恩格斯文集》（第1卷），人民出版社2009年版，第185页。

② 马克思：《1844年经济学哲学手稿》，载《马克思恩格斯文集》（第1卷），人民出版社2009年版，第185页。

③ 马克思：《1844年经济学哲学手稿》，载《马克思恩格斯文集》（第1卷），人民出版社2009年版，第189页。

④ 马克思：《1844年经济学哲学手稿》，载《马克思恩格斯文集》（第1卷），人民出版社2009年版，第189页。

上面，我们对《手稿》［货币］一节开篇集中而明确提出现代存在论思想的那一段话，联系《手稿》和马克思其他相关论述，进行了逐句的尝试性解读。这段话确实是"真正本体论的"（即存在论的）表述。它清楚地说明：其一，马克思确有自己的比较完整、系统的存在论思想，而不仅仅是认识论思想，这一点是客观存在的，任何人都不能也无法轻易否定；其二，马克思的存在论思想完全不同于基于实体思维的西方传统本体论学说，它是在人与对象世界（自然界）的关系中展开的，这一点开启了现代存在论的新思路，那种把马克思的本体论思想硬说成是实体性的物质本体论的观点，是把马克思现代存在论思想混同于乃至降低到西方传统的实体性本体论，在理论上是一种倒退，马克思的存在论思想与该观点截然相反；其三，马克思的存在论思想也不同于现代西方其他存在论学说，它是与人的实践活动紧密结合在一起的，这正是马克思存在论思想最独特和高于其他存在论学说之处，也高于海德格尔"此在在世"生存论的现象学存在论。据此，笔者把《手稿》的这段话看作马克思独创的现代存在论纲要。

三、现代存在论纲要在［货币］片断中的出场

马克思是在［笔记本Ⅲ］的［片断］部分，继［分工］之后的［货币］一节一开始就提出这个完整的现代存在论思想纲要的。[①]笔者一直在思考：他何以会在［货币］片断，而不是在其他地方提出现代存在论观念呢？笔者觉得这是有深意的。目前的初步想法有下面几点：

---

① 马克思：《1844年经济学哲学手稿》，载《马克思恩格斯文集》（第1卷），人民出版社2009年版，第242页。

第一，《手稿》首先是经济学著作，当然是在哲学思考指导、统率下的经济学问题的研究。"分工"和"货币"是当时资产阶级国民经济学若干主要范畴中的两个。研讨货币问题是《手稿》的题中应有之义。通过对国民经济学货币拜物教理论和实践的批判，可以揭开整个资本主义私有财产制度异化、非人化和压迫、剥削工人阶级的本质。

第二，为什么在［货币］片断中提出纲要性的现代存在论思想呢？笔者有一个推想。［分工］和［货币］两部分是用哲学—经济学结合的方法对整个《手稿》的思想、理论做一个概括和总结。比如在［分工］这节中，马克思批评国民经济学"关于分工的本质——劳动一旦被承认为私有财产的本质，分工就自然不得不被理解为财富生产的一个主要动力，——就是说，关于作为类活动的人的活动这种异化的和外化的形式，国民经济学家们讲得极不明确并且自相矛盾"[1]；又指出，"对分工和交换的考察具有极为重要的意义，因为分工和交换是人的活动和本质力量——作为类的活动和本质力量——的明显外化的表现"[2]。显然，这些论述不仅仅是对"分工"范畴本质的深刻揭示，而且也是对《手稿》基本思想的深化和拓展。接下来［货币］一节提出了存在论纲要，不但大大深化了［分工］一节的主要内容，而且实际上更是对《手稿》的整个基本思想做了简明扼要的概括、总结和进行了提升。这表明，这个现代存在论纲要是贯穿、应

---

① 马克思：《1844年经济学哲学手稿》，载《马克思恩格斯文集》（第1卷），人民出版社2009年版，第237页。

② 马克思：《1844年经济学哲学手稿》，载《马克思恩格斯文集》（第1卷），人民出版社2009年版，第241页。

用于整部《手稿》的核心思想。

第三，至于现代存在论这段话何以出现在［货币］一节的开头，一般存在几种可能：一、可能是从对资本主义私有财产制下货币拜物教理论和实践的深刻批判中提炼、概括出现代存在论思想；二、可能是从现代存在论思想出发，演绎出对货币拜物教的系统批判——集中体现和见证人的自我异化；三、两者兼而有之。笔者个人认为，第一种可能性较小，因为联系上下文，特别是联系［分工］一节统一起来看，现代存在论纲要恐怕是对［分工］和手稿前面所有内容总体上的理论总结，而不像是仅从下文批判货币拜物教中提炼出来的，因为这样会缩小存在论思想的应用范围，降低其哲学高度和理论深度。因此，第二种可能性最大。不过，从［货币］一节的现有手稿看，理论上似乎还没有像［分工］部分那么系统、完整，对货币拜物教的批判虽然尖锐深刻，但对国民经济学货币理论的梳理和批判却还没有来得及充分展开，给人一种未及完成的感觉。作为手稿留存的片断，这是可以理解的。但是，即使从这个片断中，我们还是可以清楚地看到，马克思的现代存在论思想是如何贯穿、渗透到其对货币拜物教的批判中，以及这种批判又具有哪些鲜明特点的。下面试简要分述之。

首先，［货币］开头提出现代存在论纲要后，立即切入对货币的一般特性的描述："货币，因为它具有购买一切东西的特性，因为它具有占有一切对象的特性，所以是最突出的对象。货币的特性的普遍性是货币的本质的万能；因此，它被当成万能之物……"①接下来，它引用了歌德《浮

①　马克思：《1844年经济学哲学手稿》，载《马克思恩格斯文集》（第1卷），人民出版社2009年版，第242页。

士德》和莎士比亚剧作《雅典的泰门》中的长段台词，先通过解释歌德那几行诗来描述和阐释货币在现实生活中翻云覆雨、颠倒黑白的无限力量，指出："既然我有能力凭借货币得到人心所渴望的一切，那我不是具有人的一切能力了吗？这样，我的货币不是就把我的种种无能变成它们的对立物了吗？"①这是对货币（范畴）的本质和造成货币拜物教的根源的深刻批判。马克思特别赞扬"莎士比亚把货币的本质描绘得十分出色"②，并强调指出："莎士比亚特别强调了货币的两个特性：（1）它是有形的神明，它使一切人的和自然的特性变成它们的对立物，使事物普遍混淆和颠倒；它能使冰炭化为胶漆。（2）它是人尽可夫的娼妇，是人们和各民族的普遍牵线人。使一切人的和自然的性质颠倒和混淆，使冰炭化为胶漆，货币的这种神力包含在它的本质中，即包含在人的异化的、外化的和外在化的类本质中。它是人类的外化的能力。"③这最后一句话，就一针见血地概括出货币是资本主义条件下人的类本质的异化、外化。这显然是存在论纲要（4）（5）两点异化劳动理论的具体应用。

这种存在论思想的应用，在后面对货币本质阐述的展开中有进一步的深化：

---

① 马克思：《1844年经济学哲学手稿》，载《马克思恩格斯文集》（第1卷），人民出版社2009年版，第245页。

② 马克思：《1844年经济学哲学手稿》，载《马克思恩格斯文集》（第1卷），人民出版社2009年版，第244页。

③ 马克思：《1844年经济学哲学手稿》，载《马克思恩格斯文集》（第1卷），人民出版社2009年版，第245—246页。

货币是一种外在的、并非从作为人的人和作为社会的人类社会产生的、能够把观念变成现实而把现实变成纯观念的普遍手段和能力，它把人的和自然界的现实的本质力量变成纯抽象的观念，并因而变成不完善性和充满痛苦的幻象；另一方面，同样地把现实的不完善性和幻象，个人的实际上无力的、只在个人想象中存在的本质力量，变成现实的本质力量和能力。因此，仅仅按照这个规定，货币就已经是个性的普遍颠倒：它把个性变成它们的对立物，赋予个性以与它们的特性相矛盾的特性。①

请注意：这里货币那种"个性的普遍颠倒"的特性，并不是在任何条件下都存在的，而是只有在资本主义私有制异化劳动条件下才产生的，亦即在"并非从作为人的人和作为社会的人类社会产生的"；是在人作为异化的非人，取消、扭曲了人类的社会共同性、普遍性的条件下产生和发生作用的。这就是货币拜物教形成的思想基础。据此，马克思概括道："对于个人和对于那些以独立本质自居的、社会的和其他的联系，货币也是作为这种起颠倒作用的力量出现的"，"因为货币作为现存的和起作用的价值概念把一切事物都混淆了、替换了，所以它是一切事物的普遍的混淆和替换，从而是颠倒的世界，是一切自然的品质和人的品质的混淆和替换"。②这就把私

---

① 马克思：《1844年经济学哲学手稿》，载《马克思恩格斯文集》（第1卷），人民出版社2009年版，第246—247页。

② 马克思：《1844年经济学哲学手稿》，载《马克思恩格斯文集》（第1卷），人民出版社2009年版，第247页。

有制下货币拜物教的金融、经济学本质上升到哲学存在论高度加以审视和批判了。

［货币］的最后一段话说道："我们现在假定人就是人，而人对世界的关系是一种人的关系，那么你就只能用爱来交换爱，只能用信任来交换信任，等等。……你对人和对自然界的一切关系，都必须是你的现实的个人生活的、与你的意志的对象相符合的特定表现。"①笔者对此的理解是：这是假设在未来非异化劳动的社会条件下，货币那种"一切事物的普遍的混淆和替换""一切自然的品质和人的品质的混淆和替换"的异化性质就被消除了，货币拜物教那种用货币扭曲和充当人与人之间牵线人的角色也会寿终正寝了。这里的关键是，"假定人就是人，而人对世界的关系是一种人的关系"，即非异化、扬弃和消除了异化的社会状况。那时，资本主义私有制下货币那种造成人和人的关系异化的功能就被扬弃了，货币作为混淆、替换、颠倒世界的价值作用就被重新颠倒过来，人与人、人与自然的关系就从异化状态下被解放出来。显然，这正是存在论纲要（3）（4）（5）在剖析货币范畴时的应用和展开。"只有通过发达的工业，也就是以私有财产为中介，人的激情的存在论本质才既在其总体上、又在其人性中存在"，在货币范畴中，货币就成为集中体现私有财产的"中介"角色，它使人的感性、激情等的存在论本质得以从一个特定角度凸显出来。

其次，笔者想谈一下［货币］一节应用存在论纲要的几个特点。

---

① 马克思：《1844年经济学哲学手稿》，载《马克思恩格斯文集》（第1卷），人民出版社2009年版，第247页。

一是在方法论上采用经济学—哲学方法的有机结合。如果说［分工］一节对与分工相关的经济学范畴做了细致的辨析，特别是对资产阶级国民经济学的分工理论做了详细的梳理、归纳和丝丝入扣的分析批判，而把哲学方法贯穿、渗透到论述中去；那么，［货币］一节由于对货币的经济学理论阐述未及充分展开，而更多地运用哲学叙述的方法，特别是运用异化理论来剖析和批判货币拜物教，因而哲学意味更浓。但是，这两个片断中经济学和哲学的方法同样结合紧密、水乳交融，使经济学研究更有思辨性和辩证性。需要重点指出的是，经济学—哲学方法的有机结合，也是整个《手稿》在方法论上的基本特色。

二是在价值评判上体现了人道主义的基本取向。存在论纲要一开始就强调了存在论与人类（本）学的结合和统一，实际上提出了存在论的人类学思想基础和人道主义的价值尺度，（3）（4）（5）都十分明显地体现出这一价值取向，上文对此已做了详细的论述。在［分工］中，马克思深刻指出："分工和交换是私有财产的形式，这一情况恰恰包含着双重证明：一方面人的生命为了本身的实现曾经需要私有财产；另一方面人的生命现在需要消灭私有财产。"①其中作为私有财产形式之一的"分工"的前提就是"人的生命"，思想基础就是人道主义。而在［货币］中，批判货币拜物教的正面价值尺度也是人道主义："我们现在假定人就是人，而人对世界的关系是一种人的关系，那么你就只能用爱来交换爱，只能用信任来

---

① 马克思：《1844年经济学哲学手稿》，载《马克思恩格斯文集》（第1卷），人民出版社2009年版，第241页。

交换信任，等等。"①可见，只有人道主义价值追求才能突破货币拜物教的藩篱。这一点，不仅体现在两个片断中，而且渗透进整部《手稿》中，还是马克思、恩格斯批判资产阶级国民经济学的有力武器。这一点后面还要详谈。

三是在存在论上体现出对传统实体性本体论的突破和超越，注入了现代存在论的性质。关于这一点应该也可以从多方面考察，不过在［货币］一节中，最明显体现出这种性质的是，把货币不作为实体性的本体，而是放在"关系"中考察分析。马克思从"货币是需要和对象之间、人的生活和生活资料之间的牵线人"，"货币是把我同人的生活，同社会，同自然界和人联结起来的纽带"，"是一切纽带的纽带"的多重关系入手，揭露出资本主义私有制下，"货币的这种神力包含在它的本质中，即包含在人的异化的、外化的和外在化的类本质中"。②这里，存在论是通过上述种种"关系"展开和实现的，确证了这个存在论纲要是超越了传统本体论的典型的现代的存在论。③

关于马克思现代存在论纲要在《手稿》的［货币］片断中出场，还有一系列重要问题需要继续深入探讨，如对资产阶级国民经济学批判中的人本主义价值评判问题，马克思现代存在论与唯物史观建构的关系问题，

---

① 马克思：《1844年经济学哲学手稿》，载《马克思恩格斯文集》（第1卷），人民出版社2009年版，第247页。

② 马克思：《1844年经济学哲学手稿》，载《马克思恩格斯文集》（第1卷），人民出版社2009年版，第242、245—246页。

③ 参阅拙文《实践唯物主义视域下的"关系生成"论思想初探——重读马克思〈1844年经济学哲学手稿〉札记之三》，《云南师范大学学报》（哲学社会科学版）2014年第4期。

异化劳动理论与现代存在论的关系问题，等等。特别是，马克思提出现代存在论思想的理论背景和思想历程需要更深入的探讨。我们知道，其实自1843年起，马克思的现代存在论思想就已经开始萌芽，伴随着其唯物史观的孕育、生成过程而逐步形成。

第四章　实践存在论美学的重要思想来源：
蒋孔阳的审美关系及其生成性思想

一、作为美学研究对象的审美关系

　　笔者早在二十多年前蒋孔阳先生七十诞辰时，曾经把蒋先生的美学思想概括为"以实践论为哲学基础、以创造论为核心的审美关系理论"，并认为蒋先生的美学思想虽然在大的方面属于实践美学范围，但就其主要美学观点和研究思路而言是独树一帜的，与以李泽厚先生为代表的实践美学主流派的思想有很大的不同，因此可以称为"当代中国美学的第五派"。这个看法笔者至今没有改变。

　　这里首先从美学研究的对象角度谈谈蒋先生的审美关系理论。

　　在美学史上，关于美学研究对象的观点很多，主要有四种：第一种是以美和美的本质为主要研究对象（如柏拉图的"美本身"），这种观点影响最大、最深远；第二种是以艺术和艺术美为美学研究对象（如黑格尔将"自然美"排除在美学研究的范围外，故其美学被称为"艺术哲学"）；第三种以审美经验或美感为研究对象（如英国经验派）；第四种以审美心理结构和机制为研究对象（如移情说和各种现代审美心理学派）。以上四种，前面两种偏重于从客体角度设定美学研究对象，后面两种正好相反，偏重于从主体角度确定研究对象。但在笔者看来，无论从客体方面还是从主体方面设定美学研究的对象，都有片面性和局限性，因为它们忽略了人的审美活动中主客体双方不可分割的、互依互动的关系。只从其中一个方面进行考察，很难把极其复杂丰富的审美活动辩证合理地说清楚。这样，蒋孔阳先生的审美关系理论就值得我们高度重视。

按照审美关系理论，美学研究对象的重点应该是人和世界之间的审美关系，单纯从主体方面或者客体方面来研究美学都是片面的。这种研究应该既包含主体方面，也包含客体方面，特别是两者之间的审美关系。在美学史上，这种观点虽然零星出现过，但始终没有产生广泛影响。比如英国经验派代表人物休谟在《论审美趣味的标准》中写道："同一对象所激发起来的无数不同的情感都是真实的，同为情感不代表对象中实有的东西，它只标志着对象与心理器官或功能之间的某种协调或关系；如果没有这种协调，情感就不可能发生。"[1]他还具体从主客关系的角度论述美丑："如果我们考察一下哲学或常识所提出来用以说明美和丑的差别的一切假

----

① 转引自朱光潜：《西方美学史》，人民文学出版社1979年版，第220—221页。

设，我们就将发现，这些假设全部都归结到这一点上：美是一些部分的那样一个秩序和结构，它们由于我们天性的原始组织、或是由于习惯、或是由于爱好，适于使灵魂发生快乐和满意。这就是美的特征，并构成美与丑的全部差异，丑的自然倾向乃是产生不快。因此，快乐和痛苦不但是美和丑的必然伴随物，而且还构成它们的本质。"[①]这里既谈到美须具备的客体条件——"一个秩序和结构"，又论及客体这种秩序和结构须使主体产生快感。这当然是一种"关系"，但他把重点放在主体的心理感受上，并把快感看成美的本质的构成所在。又如启蒙主义美学家狄德罗提出的"美在关系"说，虽然主要是讲对象本身的关系能够引起我们人的"关系"概念，而不是讲主客体之间的审美关系，但他有的论述的确暗含着这一层关系：

> 我的悟性不往物体里加进任何东西，也不从它那里取走任何东西。不论我想到还是没想到卢浮宫的门面，其一切组成部分依然具有原来的这种或那种形状，其各部分之间依然是原有的这种或那种安排；不管有人还是没有人，它并不因此而减其美，但这只是对可能存在的、其身心构造一如我们的生物而言，因为，对别的生物来说，它可能既不美也不丑，或者甚至是丑的。由此得出结论，虽然没有绝对美，但从我们的角度来看，存在着两种美，真实的美和见到的美。[②]

---

① 休谟：《人性论》，关文运译，商务印书馆1980年版，第333—334页。

② 狄德罗：《狄德罗美学论文选》，张冠尧等译，人民文学出版社1984年版，第25页。

狄德罗这段话虽然认为"关系到我们的美"的根源还是在事物（客体）自身，但他也朦胧地看到了美的对象与审美主体之间的审美关系的重要性。这段话后面几句讲到如下观点：第一，他肯定了"没有绝对美"。第二，他认为美只对人或者跟我们人一样身心构造的生物才有意义，因为对象能够唤醒我们心中的"关系"概念；他还假设了一种和人构造相似甚至更高级的生物，他们也能认识到美；但对其他生物而言，这个事物就既不美也不丑，甚至可能是丑的。可以看出，尽管美在事物（客体）本身的内在结构，但这个美只对人或者跟人的身心构造一样的生物（如果有）才有意义，只有人才有可能去欣赏这个美。狄德罗实际上在一个更高的层次上提出对象的美丑只对人才有意义，也就是说，只有人类产生之后才有"美"和"丑"的区别，在人产生之前，"美"是根本不存在的，一定要有人或者有人这样一种身心结构的生物存在，美才有意义。换言之，美是对象与人（主体）之间的一种特殊意义关系。这也和马克思在《巴黎手稿》中的思想有一致之处。这是我们对"美在关系"说的一个新的解读。不过，我们也不必随意拔高狄德罗，因为上述思想在狄德罗的"美在关系"说中还是次要的、偶然谈到的。

苏联有一些美学家也主张审美关系说，但是没有提到美学研究对象的高度，也没有产生很大的影响。

在当代中国，只有蒋孔阳先生明确地持有审美关系理论。在他的晚年著作《美学新论》中，蒋先生不是单纯把美（美的本质）或美感（审美经验）作为美学研究的出发点和主要对象，而是明确提出："人对现实的审美关系，是美学研究的出发点。美学当中的一切问题，都应当放在人对现实的审美关系当中，来加以考察。"①他在这里虽然没有正面提出美学研究的对象是审美关系（在有的地方还说过美学以艺术为研究的中心），但是，当他把人对现实的审美关系列为美学研究的出发点和一切美学问题的考察中心时，他实际上已经把审美关系定位为美学的主要研究对象了。

　　这一点从表面上看，似乎无关紧要，但却包含着与以往的美学——包括我国当代四大派美学——理论在思维方式和哲学根据上的重大差别。众所周知，二十世纪五六十年代的美学大讨论形成了中国当代美学的四大派：以蔡仪为代表的"客观派"，以吕荧、高尔泰为代表的"主观派"，以朱光潜为代表的"主客观统一派"和以李泽厚为代表的"社会性与客观性统一派"。这四派虽然在"美的本质"问题上观点各不相同，甚至针锋相对，但有一点却不谋而合，即都把美和美的本质看作美学研究的主要对象，而且将之看成这场大讨论不言而喻、不证自明的前提。依照这样一种共同的美学对象观，其美学探讨的基本提问方式和思维方式必然大体一致（第四派有所不同），即都把"美是什么"作为核心问题提出来，尽管各派对此做出的回答各不相同。然而，这一共同的提问方式本身却在问题回答前已预设了"美"作为一个对象性的实体已经存在，无论其答案多么不同。因为，如果"美"尚未成为一个实体性存在，这个问题和提问方式就不能成立。换言之，四派中"美在客观"说已预设了美是一个人（主体）之外的作为客体的实体存在；"美在主观"说虽然肯定了美与人（主体）

---

① 蒋孔阳：《蒋孔阳全集》（第3卷），安徽教育出版社1999年版，第3页。

不可分，但同样预设了美就在作为主体的实体存在上；"美在主客观统一"说也同样预设了美就在作为实体存在的主客统一上。其中，"主客统一"虽然是主客间的一种关系，但在"美是什么"这种提问方式下，这种"关系"也被实在（体）化了。"社会性与客观性统一派"也大体如此。这样，四派无论对此提问做出哪一种回答，都只能是一种实在（体）化的回答。

所谓"实在（体）化"，主要是把作为研究对象的事物从该事物所处的具体关系中孤立地抽象出来，作为一个"实体存在"来看待与处理，这也就是我们常说的形而上学或二元对立的思维方式。上述几派关于"美"的本质的提问与回答，则属于这种形而上学思维方式中主客二分的一种方式。这种形而上的思维方式总是先进行主客二分，然后再用某种关系将两者统一起来。上述三种主张在美学中分别体现为：（1）认定有一个不变的、实在的审美客体，这个客体有其独立性，美是它的本质规定性之一，因而它是普遍的超时空的美，这是一种客体实在（体）论；（2）认定有一个先在的、不变的审美主体，他有一种本质性的先天的审美能力，一旦他使用这种能力，主体就能获得美感，与美感相应的对象就是美，这是一种主体实在（体）论；（3）认定在主体和客体之间有一种单纯的审美关系实际存在，这种实在的审美关系源自主体的审美能力与客体美的属性之间的应和，只要以这种关系把主体与客体联系起来成为实在关系，主体就是审美主体，客体就是美，这是一种关系实在（体）论。关系实在（体）论与蒋先生的审美关系说是完全不同的。

蒋先生的审美关系理论把人对现实的审美关系事实上作为美学研究的

出发点和主要对象，摆脱了"美是什么"这样一个实体化的提问方式，从而对上述几种形而上学主客二分的思维方式做出了尝试性的突破，包含了生成论思想的可贵因素。

首先，蒋先生对审美关系的基本性质和各个环节都做了简明的分析，同时又时时突出地强调这种关系的变动性与复杂性。他说："无论作为关系主体的人，或是作为关系客体的现实，以及它们所构成的关系，都既不是简单的，也不是固定不变的。它们都各自具有多层次的结构，多方面的变化。"①对此，他从主体、客体、主客体关系三个方面进行了分析。一是主体（人）不仅有自然性、物质性，而且有社会性、精神性，还有历史性等属性，是多方面的复杂属性的有机统一，"人是作为一个具有丰富复杂的内容的个性化的主体，来与客观现实发生关系的"；二是客体（现实）"也是极不简单的，极其丰富和复杂的"，它包括自然界、人通过与自然的关系制造出的各种产品、人与人的关系产生的各种社会现象、各种精神产品和意识现象，"无论是过去的或是现在的"都在其中；三是主客体关系（包括空间和时间关系）也因此"更是丰富和复杂"，"这一切关系，都以人的需要为轴心，以人的实践为动力，以物的性质和特性为对象，相互交错和影响，形成了整个人类社会的历史和现实生活"。②这就有力地说明了人与现实关系的无限丰富性和复杂性。不仅如此，蒋先生还强调指出这种关系的发展、变动性。他说："人对现实的关系，是不断发

① 蒋孔阳：《蒋孔阳全集》（第3卷），安徽教育出版社1999年版，第5页。
② 蒋孔阳：《蒋孔阳全集》（第3卷），安徽教育出版社1999年版，第7页。

展和变化的。"①这一点更为重要。这种关系的不断变动性，乃是我们认为美学研究的思维方式必须打破形而上学、遵循生成性原则的根本原因。

其次，蒋先生进而指出，正因为整个人与现实的关系是处在永恒的变动中，"因而人对现实的审美关系的特点也不是固定的、形而上学的。随着人对现实的审美关系不断地变化的发展，大千世界的美的东西，也不断地变化和发展"②。这就明确无误地揭示了变动性和生成性乃是审美关系的一个根本特性。

蒋先生上述两点思想，不仅把以往几派美学理论以实体化的"美"（客体）或"美感"（主体）作为美学研究的主要对象，转变为以人对世界的审美关系为美学研究的出发点和对象，实现了美学研究对象的重大转换，而且在思维方式方面给了我们重要启示。按照日常的思维模式，我们总是从主体、客体、主客体之间的关系即主客统一的方式来思考美学的一些基本问题。这种模式本身并没有错，这是我们认识事物的一般过程。但是，如上所述，蒋先生告诉我们：第一，作为"主体"的人，是自然性、物质性、社会性和精神性以及历史性的统一，"人"本身是一个诸多因素互动影响的过程，是一切社会关系的总和，因此，并没有一个一成不变的绝对化了的抽象"主体"或实在（体）主体。第二，被我们称为"客体"的东西，是自然界、人、人的物质产品以及人的精神产品的总和，而这个总和又处在历史的长河之中，处在不断的发展变化之中，因而也没有一个固定不变、被动地接受人的观照的抽象"客体"或实在（体）客体。第

---

① 蒋孔阳：《蒋孔阳全集》（第3卷），安徽教育出版社1999年版，第16页。
② 蒋孔阳：《蒋孔阳全集》（第3卷），安徽教育出版社1999年版，第16页。

三，由丰富复杂、不断变动的主体与客体所构成的主客体关系，必然更是丰富复杂、变动不居的，它们绝不可能是，实际上也根本不可能存在一种凝固的、恒定不变的供我们研究的主客体的抽象关系或关系实在（体）。第四，审美关系作为主体与客体之间的关系之一，当然同样是变动不居和复杂丰富的。换言之，审美关系也绝不是一种固定不变的关系实在（体）。

在此，我们清楚地看到，蒋先生再三强调主体、客体、主客体关系三者的变动性、复杂性、丰富性，实际上是在美学上将这三者还原、放置到人与现实的具体的、生成的、变化的审美关系中去了。它显然包含和孕育着一种突破形而上学思维模式的尝试。因为，如果我们承认主体与客体以及两者间的关系本身是复杂的、动态的，那么，主体与客体之间的抽象对立即主客二分就会由于自身的非现成性、非确定性而被化解。这一点并不难理解。任何事物总是处在时空之中，处在不断的生成与变化之中，没有一个固定不变的主体，也没有一个固定不变的客体。既然如此，那么，一方面，在观念中被抽象出来的超越时空并且自身静止不变的主体也就不可能存在，每一个具体的主体总是诸多因素相互交织影响的动态呈现；另一方面，客体也不是静止不变的，在形而上学思维模式里从时间之流中截取下来的、被固定化了的、被动接受主体认知的客体，也是不存在的；更为关键的是，由于主客体二者的现实性、具体性和历史（时间）性，两者之间的关系也是具体的、现实的，处在具体、历史的时空中。所以，根本不存在抽象的、超越时空的主客体关系。形而上学的思维方式的各个环节一旦被具体化、现实化，放置在历史的、变动的关系之中，那么主体与客

101

体的截然分立与对立或曰"主客二分"就难以成立，它只能是观念性的，只能停留在思维之中，而不能正确把握和反映不断变动的现实关系，或者说，它只是对现实之中各种复杂变动关系的一种切断、割裂和抽象概括，而丢弃了思维的全部丰富内容。蒋先生在强调主体与客体及主客体关系的丰富、复杂与变动不居时，显然是看到了这一点，从而萌生了生成论的思想。在这个情况下，他没有把抽象、固定的美（客体）或抽象、固定的美感（主体）作为美学研究的起点或主要对象，而是强调人对现实丰富复杂、变动不居的审美关系才是美学研究的出发点和主要对象。笔者认为这实际上已包孕着生成论思想对形而上学思维方式的超越，也蕴藏着对前述三种美学主张（主观说、客观说、主客观统一说）的超越。

二、审美关系理论的逻辑思路

蒋孔阳先生的审美关系理论有其自身的逻辑思路。笔者认为大致可以概括为以下三个层次。

首先，人总是生活在各种社会关系中间。马克思、恩格斯在《德意志意识形态》中论述人类历史的发生、发展时，就是从对人的各种交往关系（包括人与自然、人与人自身、人与社会等的关系）的历史生成和发展的考察入手的。这很清楚，第一，"关系"只是对人而言的，只有人才有的，动物是不存在任何关系的；第二，一切关系都只能是人的关系；第三，人的所有关系全部是社会的关系，包括人与自然的关系亦然。马克思、恩格斯指出，人的意识"一开始就是社会的产物，而且只要人们存在着，它就仍然是这种产物"，他们以人童年时期与自然界的关系为例，认为"自然界起初是作为一种完全异己的、有无限威力的和不可制服的力量与人们对立的"，从而产生人"对自然界的一种纯粹动物式的意识（自然宗教）"，而"这种自然宗教或对自然界的这种特定关系，是由社会形式决定的，反过来也是一样"。①这就是说，人与自然的关系一开始就是受到社会形态制约的，本质上也是一种社会关系；同样，不同的社会形态也受到人与自然关系的制约，反映着人与自然关系的历史变化。唯其如此，马克思强调指出："人的本质不是单个人所固有的抽象物，在其现实性上，它是一切社会关系的总和。"②蒋先生据此认为，任何人任何时候总是处于各种各样的社会关系之中。如果对这个观点稍作引申，我们可以说，任何人从他脱离娘胎、呱呱坠地那一刻起，实际上就不以其意志为转移地进入了一个错综复杂的关系网中，他的本质会随着关系网的延伸、扩展、纠结、变动而不断生成、变化。

其次，人对现实的审美关系是其极其丰富复杂的社会关系中的一种特殊的关系。蒋先生认为人和世界可以在各个方面、各个层次发生复杂的关系，如经济的、物质的、政治的、宗教的、法律的、伦理道德的关系等，其中有一种关系是跟别的不一样的，那就是审美关系。不过，蒋先生并没有把审美关系看得高于人与世界其他各种关系，他遵循唯物史观，特别指出："在人对现实的一切关系中，最根本的不是审美关系，而是实用关

---

① 马克思、恩格斯：《德意志意识形态》，载《马克思恩格斯选集》（第1卷），人民出版社1995年版，第81、82页。

② 马克思：《关于费尔巴哈的提纲》，载《马克思恩格斯选集》（第1卷），人民出版社1995年版，第60页。

系。"①而实用关系也包括许多种，其中经济关系、物质劳动关系、社会生产关系等是最基础、最根本的关系，而包括审美关系在内的各种精神性关系（其中政治、伦理、法律等关系也属于实用关系）则是从属的、派生的。审美关系是在人类长期的实践中逐渐从物质、实用的关系中分化、脱离、独立出来的。但这种独立是相对的，是在特定条件下才生成的，而且是不断变化的。

最后，与物质的和各种实用的关系相比，审美关系作为非实用的精神性关系有其自身的特点，蒋先生将之归纳为以下四点：（1）审美关系是通过主体的感觉器官来和现实建立关系，而它把握的对象也具有感性的形象性与直觉性，因为"离开这些感性的形象，也就失去了审美的对象，因而再也谈不上什么审美的关系"②，突出强调了审美关系中主体与客体之间的感性特征。（2）审美关系是自由的。这一自由有两层意思：一是外在的自由，是从外在事物实际的功利关系束缚中超越、解放出来；二是内在的自由，"这可以从内容与形式两个方面来看。首先，从内容上看，我们欣赏美的对象，不是要满足物质的需要，而是要自由地展示人的本质，取得精神上的自由和满足。……其次，再从形式上看，美的形式要受对象的物质属性的限制，竹子的形式不可能同于梅花的形式。但是，美的形式并不在于物质形式本身，而在于通过某种物质形式自由地表现出或者制造出心灵的形式"。③（3）审美关系是人作为一个整体和现实发生关系。这

---

① 蒋孔阳：《蒋孔阳全集》（第3卷），安徽教育出版社1999年版，第8—9页。
② 蒋孔阳：《蒋孔阳全集》（第3卷），安徽教育出版社1999年版，第13页。
③ 蒋孔阳：《蒋孔阳全集》（第3卷），安徽教育出版社1999年版，第13—14页。

是审美关系整体性的主体实现，主体（人）在面对感性对象时，是调动了由生理到心理、由感觉到思维的自身全部本质力量来对它进行感受、体验的。蒋先生说："人的本质力量是多方面的，包括马克思所说的'视觉、听觉、嗅觉、味觉、触觉、思维、直观、感觉、愿望、活动、爱'等等在内。"[①]而在现实生活中，人们经常出于某种功利性的目的，只是以自己某一方面的本质力量来和现实的某一方面发生关系；审美关系却不同于那些功利性的活动，在审美中，"感性的人和理性的人统一了起来，意识形态的人和实践活动的人统一了起来，人以一个完整的整体来和现实发生关系"[②]。（4）审美关系还特别是人对现实的一种情感关系。由于作为审美主体的人，是通过感觉器官来对具体的感性对象进行审美的，"其所发生的关系，主要的就不可能是理智上的认识、意志上的行为，而只能是感情上的喜爱与否和满足与否。那就是说，这些具体的形象，通过感觉器官的感受，把我们的理智、意志和其他一切，都化成了感情。因而其所产生的效果，主要的只能是喜怒哀乐的感情活动"[③]。我们认为，蒋先生关于人对现实的审美关系的四个特点的阐述，把审美关系与人对现实的其他一切物质的或精神的关系清楚地区分开来了，应成为我们用以把握审美现象、审美活动的一把钥匙；同时，又从另一个角度补充论证了审美关系的生成性。因为在日常生活中，审美关系总是被淹没在种种物质的、精神的实用关系中，但是，一旦实用关系中出现了同时符合上述四个特点的现象，那

① 蒋孔阳：《蒋孔阳全集》（第3卷），安徽教育出版社1999年版，第14页。
② 蒋孔阳：《蒋孔阳全集》（第3卷），安徽教育出版社1999年版，第14页。
③ 蒋孔阳：《蒋孔阳全集》（第3卷），安徽教育出版社1999年版，第15页。

么审美关系也就现实地生成了，并且从实用关系中脱颖而出。可见，任何审美关系都不是现成的，而是生成的。

这里，我们还可以回答学界有的人对于审美关系说"循环论证""同义反复"的责难：既然是"审美"关系，那么没有作为"审"的主体和作为"美"的客体双方的预先存在，审美"关系"如何形成？换言之，审美关系仍然必须先有"美"（客体）、后有"审"的活动（主体），这样不就仍然回到了"美在客观"说，回到了美和美感先对立、后建立"关系"的主客二分的形而上学的思维模式吗？

笔者认为，这里有一个对"审美关系"一词的语义须整体性理解的问题。"审美关系"对应的英文是aesthetic elations（或aesthetic connections），在英文中，我们不会把aesthetic看作在中文里那种动（"审"）宾（"美"）结构的复合词，而只是单一的一个形容词。从语言学、语义学角度，我们必须把"审美关系"中的"审美"看作语义整一的一个形容词，决不将这个单一的词拆分为动和宾合成的词组。这样，我们就能正确地理解蒋先生"审美关系"概念的真意。如上所述，蒋先生认为，在上面四个特征（条件）同时具备时，审美关系就会从人对现实世界的大量实用关系（无论是物质的还是精神的）中脱颖而出、逐渐生成。此时此刻，人面对的客体对于人生就成为现实的"审美对象"或广义的"美"，而客体面对的人也同时生成为现实的"审美主体"。美和能够欣赏美的人总是在人与世界的审美关系的历史和现实的生成过程中同步地生成的。这样，审美关系理论就不存在"循环论证""同义反复"的问题了。

顺便谈一下审美活动与审美关系两个概念的联系。笔者认为，所谓审美活动，乃是人对现实审美关系的展开，而审美活动的过程同时也就是审美关系生成、展开的过程。审美活动与审美关系属于同一层次的概念，审美关系含于内，审美活动显于外，审美关系的外在展开是审美活动，审美活动的内在构成是审美关系，审美关系是通过审美活动而建构起来的，而审美活动则只有通过审美关系才得到体现。就此而言，审美活动和审美关系就像一个金币的两面，连为一体，不可分割。在大多数场合，这两个概念可以通用和替换。所以，根据蒋先生的审美关系理论，我们可以说，美与美感只有在审美关系、审美活动中才得以产生和形成，只有置于审美关系、审美活动中才可能得到准确理解和说明，只有在审美关系、审美活动之中，所谓的审美主体与审美客体才同时生成，只有在形成审美关系的审美活动过程中，主体才成为现实的审美主体，对象才成为现实的审美客体。审美活动、审美关系偏重于客体方面，便生成为各种各样的审美形态、广义的美；审美活动、审美关系偏重于主体方面，则生成为丰富多彩的审美经验、主体的美感。离开审美关系、审美活动，美和美感就无从谈起。所以，审美关系、审美活动是美学思考的起点、重点和焦点。

三、用马克思的存在论思想对审美关系理论做现代解读

究竟应当如何理解人与现实世界的审美关系呢？蒋孔阳先生指出，审美关系从属于人与世界的关系。而关于人与世界的关系，历来有两种基本的解释模式：一种是传统的"主体—客体"二分的模式，一种是现代的"人—世界"一体的模式。前种模式中，人与世界的关系被解释为主客二分的、外在的、对象性的认识论关系；后种模式中，人与世界的关系则被

解释为不分主客的、内在的、相融相通的存在论关系。相应地，人与世界的审美关系也就有了两种基本的解释模式。

很长时间以来，美学界常采用传统主体—客体二分模式来解释审美关系。这种解释存在着很大的理论失误，那就是前面提到的把审美关系加以实体化和现成化。从主体—客体二分模式看，审美关系产生之前，早已有一个既定的、先在的、实体化的审美主体存在，这个审美主体拥有特定的审美态度和审美能力；同时也早有一个永恒的、不变的、实体化的审美客体存在，这个审美客体拥有普遍的美的形式、结构、属性和规律；审美关系就是由现成的审美主体与现成的审美客体支撑与搭建起来的认识关系，它起自审美主体对审美客体的反映、感知和认识。

我们不认可这种主客二分的认识论模式，而主张按照人—世界一体的存在论模式来解释审美关系。

这里需要简单说明一下，存在论并不是海德格尔的专利。早于海德格尔八十余年前，马克思在《巴黎手稿》中论述其"人的本质力量的对象化"即实践观点时就明确提出了超越传统本体论的现代存在论思想，并两次在"存在论的"意义上使用了ontologisch这个词。对于这一点，本书第三章已经有详细阐释。在笔者看来，马克思在《手稿》中表达的与其实践观紧密结合的存在论思想，已经超越传统本体论，而为西方现代存在论包括海德格尔的存在论思想奠定了基础；而且《手稿》中的存在论思想在马克思此后的著作包括晚年的《资本论》中仍然得到了延续和发展，这方面哲学界已经有较多论述，本书从略。这里只想引用马克思另外一句极为重要的话："人不是抽象的蛰居于世界之外的存在物。人就是人的世界。"①
两者都是在"现实的生活过程"即实践中存在和发展的。正是实践将人
与世界建构成不可分割的一体，也构成了人在世界中的现实存在。所以，
马克思的"人就是人的世界"的概括，确确实实是一个典型的现代存在论
命题。

　　更重要的在于，马克思的"人就是人的世界"的存在论思想乃是以实
践论为基础、通过实践而实现的，它高于海德格尔之处在于不仅实际上已
经包含着"此在在世"（即"人在世界之中存在"）的存在论思想，而且
进一步揭示出实践乃是人最基本的存在方式或在世方式。应该特别注意的
是，这句话中，人们的"存在"一词马克思用的是Sein（即being），他是
在存在论意义上使用"存在"概念的，人们的存在不是静止的，而是他们
的现实生活即实践活动的"过程"。马克思明确指出，实践作为人的现实
生活过程也就是人存在的基本方式。那种随意否定马克思实践观客观存在
着存在论的维度，把存在论的专利拱手让给海德格尔的观点，是对马克思
和海德格尔的双重误读，在理论上根本站不住脚。

　　从马克思的与实践观一体的存在论思想出发来审视和解读蒋孔阳先生
的审美关系理论，笔者有几点想法。

　　首先，审美关系不只是认识关系，而主要是情感体验关系。因为，
在单纯的认识关系中，主体的目标是求得对客观事物内在属性和内部规律
的认识，形成知识体系。审美关系则不同，它虽然含有一定的认识因素，

---

　　①　马克思：《〈黑格尔法哲学批判〉导言》，载《马克思恩格斯选集》（第1卷），
人民出版社1995年版，第1页。

但其根本目标却不是求知，不是获取符合客观事物本来面貌的真理，而是从事物的色相、秩序、形迹上通过情感领悟和体验人与世界的存在意义，进入一种物我圆融、人与世界一体的饱含情感的高级人生境界。譬如，我们以审美的角度欣赏"人闲桂花落，夜静青山空。月出惊山鸟，时鸣春涧中"，就不是追求关于静夜、花鸟的物理知识，而是从那个宁静的春夜、岑寂的春山、惊叫的春鸟以及山间的春涧所构成的诗性境界中，凭活跃的情感来感悟和体验一种"片刻即永恒"的禅意或存在意义。

其次，审美关系在逻辑上先于审美主客体，而不是审美主客体在逻辑上先于审美关系。应该承认，审美关系与审美主客体在事实上是同时发生、生成的，同步发展的，互为前提的。但是，在理论逻辑上，审美关系却必定先于审美主体或审美客体。蒋先生晚年已经萌发了在审美活动中"关系在先"的重要思想。在《美学新论》总论的开篇"人对现实的审美关系"中，反复论述了这样一个思想：人与现实的审美关系并不是从来就有的，而是从无到有、逐渐生成和发展的，只是在人类漫长的实践过程中，随着人的内自然的人化和外自然的人化，人和他的生存世界之间才产生了审美关系，但这种关系是具体的、现实的、个别的、变化的，而不是抽象的无条件的实在（体）关系。由此我们可以进而推论，蒋先生实际上已觉察到，正是在这样一种具体、现实、个别、变化的审美关系中，才现实地、即时地产生了审美主体与审美客体（对象）；离开了这种关系就无所谓审美主体，也无所谓审美对象，美和审美主体都是随着审美关系的产生而产生的。蒋先生明确地指出："人间之所以有美，以及人们之所以能够欣赏美，就因为人与现实之间存在着审美关系。"①这里，实际上已肯定了在因果逻辑上审美关系对美（客体）和美感（主体）的在先地位，即确立了"关系在先"的逻辑原则。

"关系在先"的思想，在理论上是有根据的。根据之一是，依照上述马克思"人就是人的世界"的存在论命题，人与世界原初是一体的，而不是现成的主体、现成的客体二分的。因此，在逻辑上，审美关系（活动）之外或者之前，不存在任何现成的审美主体，也不存在任何现成的审美客体。如果离开了一定的审美关系（活动），即使是最富于创意的艺术家和最富有经验的鉴赏家，也不能算是审美主体，即使是最伟大的艺术作品和最优雅的田园山水，也不是什么审美客体。人能否成为审美主体，世界能否成为审美客体，都取决于审美关系是否生成。审美主客体是在审美关系（活动）的状态中生成和存在的。根据之二是，审美主体是审美关系中的主体，审美客体是审美关系中的客体。审美关系是审美主客体的逻辑确定者。例如我们只能在"采菊东篱下，悠然见南山"的审美关系和审美状态中，才能把陶渊明确定为审美主体，把南山确定为审美客体。可见，人之所以被称为审美主体，世界之所以被称为审美客体，其根本前提是两者已经处在审美关系中了。人生在世，人的生存实践永远是审美关系发生的根基。但是，人并非每时每刻都处在审美状态，世界并非每时每刻都成为审美对象（客体），人与世界的关系并非每时每刻都呈现为审美关系。世间不存在绝对的、无条件的审美关系，只存在特定条件、情境、机缘下生成

---

① 蒋孔阳：《蒋孔阳全集》（第3卷），安徽教育出版社1999年版，第3页。

显现的审美关系。根据"关系在先"的原则，任何从生生不息的生成之流中截取出来的静止的固定的审美关系，都是抽象的、无根的，也不是真正的审美关系；同样，任何审美主体和审美客体也都是随着审美关系的生成而生成，而不可能是先在的、固定的、现成的。且让我们以程乙本《红楼梦》第二十三回中的一段描写为例做简要的说明：

这里黛玉见宝玉去了，听见众姐妹也不在房中，自己闷闷的。正欲回房，刚走到梨香院墙角外，只听见墙内笛韵悠扬，歌声婉转，黛玉便知是那十二个女孩子演习戏文。虽未留心去听，偶然两句吹到耳朵内，明明白白一字不落道："原来是姹紫嫣红开遍，似这般都付与断井颓垣。"黛玉听了，倒也十分感慨缠绵，便止步侧耳细听，又唱道是："良辰美景奈何天，赏心乐事谁家院。"听了这两句，不觉点头自叹，心下自思："原来戏上也有好文章，可惜世人只知看戏，未必能领略其中的趣味。"想毕，又后悔不该胡想，耽误了听曲子。再听时，恰唱到："只为你如花美眷，似水流年。"黛玉听了这两句，不觉心动神摇。又听道"你在幽闺自怜"等句，越发如醉如痴，站立不住，便一蹲身坐在一块山子石上，细嚼"如花美眷，似水流年"八个字的滋味。忽又想起前日见古人诗中，有"水流花谢两无情"之句；再词中又有"流水落花春去也，天上人间"之句；又兼方才所见《西厢记》中"花落水流红，闲愁万种"之句：都一时想起来，凑聚在一处。仔细忖度，不觉心痛神驰，眼中落泪。[①]

---

① 曹雪芹、高鹗：《红楼梦》，上海古籍出版社2009年版，第166—167页。

黛玉由《牡丹亭》中的几句唱词所引发的复杂而细微的情感运动过程不仅由听戏文过渡到对个人命运的沉思，走向对人生意味和生命底蕴的深层解悟，而且也正是她一步步进入审美关系、进行审美活动并获得独特的审美体验的过程。一开始，黛玉并没有进入审美关系，只是偶然路过梨香院墙角外，清醒地听见墙内那十二个女孩子演习戏文的美妙歌声，她还处于非审美状态，还不是审美主体，演习戏文的女孩子们也不知道"隔墙有耳"，她们的歌唱并没有成为黛玉的审美对象；之后，黛玉先是止步感慨缠绵、侧耳细听，继而点头自叹，心下自思，却又后悔不该胡思乱想耽误了听曲子，这时她开始与所听到的《牡丹亭》曲文生成审美关系，但还处于半审美状态；接下去越听越入迷，浮想联翩，如醉如痴，由心动神摇，到心痛神驰、眼中落泪，一步步形成了审美关系，最终完全进入了审美活动状态而不能自已。这个过程，正是黛玉与那些女孩子演习的《牡丹亭》戏文逐步生成审美关系的过程。正是在这个审美活动展开、审美关系形成的过程中，黛玉才现实地成为审美主体，同时，那些女孩子的歌唱也才现实地成为她的审美对象。这个例子典型而生动地说明了逻辑上审美关系在先、审美主客体在后的道理。

最后，审美关系是人与世界之间的一种精神性的自由关系。前面讲到蒋先生论述审美关系的四个特征之一就是自由性。自由首先表现为超功利性。在审美关系中，审美主体不是追求对象的有利有用有益等个人眼前功利的满足，在外不受他物的束缚，在内不受欲望的限制，完全由自己做主。自由又表现在审美主体始终关注对象的感性意义形象，并且环绕这一感性意义形象而展开自由想象和联想，自由地展开自己的心灵形式，而不专注于对象的物质实存和物理属性。自由还表现在审美是人与世界之间的精神情感交流。这种精神情感交流常常呈现为心物交融、物我两忘、你中有我、我中有你的同情和移情状态，产生精神上的自由和满足。

总而言之，在笔者看来，蒋先生的审美关系理论，极富现代性，在一定程度上超越了主客二分的认识论思维方式，包含着生成论的可贵因素，给我们以极大启示，是一种通向未来的富有生命力的美学。

第五章　走向实践存在论美学

当代中国美学的发展目前正处于一个十分微妙的阶段，一方面人们开始认识到传统美学存在着种种局限，力图克服这种局限，实现美学的新发展；但同时我们仍然受到传统美学思维方式的影响，未能完全突破传统的认识论思维方式和框架的束缚，因而未能获得真正突破性的大发展。目前我们正处于这样一个时期：中国美学酝酿着或者说正面临着取得新的重大突破的机遇，但如果我们不能进一步解放思想，在思维方式和研究方法上有所突破和创新，那么，美学研究的真正突破和进展就不可能实现。因此，探讨如何实现中国美学的突破性进展在当前就显得十分紧迫。我们一直关注并思考着这个问题，也做了一些初步的思考和尝试，现在将它概述出来，以期引起学界同人的共同关注和讨论。

一、主客二元对立的认识论：阻碍中国当代美学突破的一个重要因素

新中国成立后不久的20世纪50—60年代，中国美学就迎来了一次大讨论，形成了以蔡仪、朱光潜、吕荧、高尔泰、李泽厚为代表的所谓美学四大派。这四大派虽然成就不同、观点各异，但有一点却是共同的，那就是他们基本上都是局限在一种主客二元对立的认识论思维方式和框架之中来讨论问题，都是把美作为一个先在的、现成的实体来认识；认为美在客观，是客观事物的一种属性，这是一种客体实在论；认为美在主观，是人的一种主观感受，这是一种审美主体实在论，把人看作一个早已存在的不变的审美主体；认为美在主客观的统一或者社会性与客观性的统一，实际上主张美在于客观事物的属性恰好和一定的审美主体的感受相契合，这实际上是一种关系实在论。也就是说，他们都是把"美"或者"美的主体"作为一个早已存在的客观对象来认识，因此，虽然争论得很热闹，也取得了一定的成果，但由于都是相同的认识论的思维路径，因而最后归结、上升到唯物主义与唯心主义之争，却未能在解决美学的基本问题上有大的突破。

"文革"以后，美学大讨论中各派的观点借助于对马克思《巴黎手稿》思想的阐释都有所坚持、发展和完善，但总的来说，各派还是在认识论的框架里来谈"怎样认识美""美是什么"等问题，没有新的重大的突破。而以李泽厚先生为代表的社会性与客观性相结合的美学理论，充分结合马克思《1844年经济学哲学手稿》的思想，用"自然的人化"的实践

和历史"积淀"作为贯穿整个美学思想的基础，发展成了人类学本体论美学，形成了20世纪80年代在中国美学界中占主导地位的主体性"实践美学"。李泽厚先生的美学理论代表着"实践美学"的主流派别，他强调人的物质生产劳动、制造工具的基础地位和历史"积淀"的理性指导作用，把美和人的物质生产劳动实践结合在一起来研究美学，已经对认识论美学所局限的范围有所拓展，因此具有一定的生命力，影响是非常大的。但是，这一时期的实践美学仍然围绕着"怎样认识美的本质"这个中心论题研讨，没有真正跳出认识论的思维框架。当然，在实践美学后来的发展中，实践美学中的其他代表人物已经开始注意到如何超越单纯认识论美学模式的问题了，比如蒋孔阳先生以实践论为哲学基础、以创造论为核心的审美关系说美学就是试图超越认识论美学框架而进行的颇有成效的尝试。

进入20世纪90年代以来，中国美学的发展处于一个急剧变化的时期，一种新的突破发展的可能性正在酝酿之中。已经有越来越多的学者开始意识到我们必须超越现有的美学研究模式，才有可能使中国的美学发展获得一个大的突破，并且开始做了一些尝试的工作。比如早在20世纪80年代后期就有学者以"感性—个体"反对"理性—集体"的方式拉开了对以李泽厚先生为代表的实践美学主流派进行批评的序幕；在90年代初陈炎先生又开始向"积淀说"发难；接着，杨春时先生也提出超越实践美学、走向"后实践美学"的主张；潘知常先生等人则提出了"生命美学""生存论美学"等来反对实践美学。与此同时，也有一批学者（包括笔者在内）对处于变化之中的实践美学做具体分析，从各个方面为实践美学中的合理因素辩护，当然也承认实践美学主流派的观点存在局限，需要改进和发展。这场美学大讨论表明已经有越来越多人不满于中国美学的现状，试图超越现有的美学模式，这预示着我们的美学正酝酿着某种革新和突破的可能。但是，究竟应该怎样超越、突破，什么才是阻碍中国美学发展取得突破性进展的关键问题，却仍是需要我们进一步研究的，必须抓住这个根本的症结，中国美学才有可能有真正的突破性发展。从对实践美学的论争中来看，人们还主要不满于实践美学过分强调理性、集体性、物质生产劳动的一面，因此想要在审美中给予与之对立的感性、个体体验性以应有的位置，但多数人对"美"的提问方式并没有从根本上发生变化；对实践美学主流派在认识论方面的局限虽然开始注意，有的也有批评，但多数人似乎认识得还不够深刻，还没有提到关键、要害的位置来认识。现在看来，这种反思和批评的工作当然是很有必要的和有意义的，但还没有从根本上抓住阻碍当代中国美学发展的核心问题，即主客二元对立的认识论思维方式问题，有的学者虽然也看到或提到这一点，但深入反思、分析还不够。多数人（包括我们在内）在很长一个时期中仍然是在认识论的思维框架范围之内来探寻美学学科的发展，所以难以有大的突破和创新。

90年代中期另一场争论更使笔者感到超越主客二分的认识论思维方式的迫切性。这就是关于《巴黎手稿》"美的规律"的争论。1997年陆梅林先生发表了《〈巴黎手稿〉美学思想探微》，学界开展了争论，笔者也参与了这场论争，发表了自己对"美的规律"的看法，认为所谓"美的规律"是一条"属人"的规律，而并非截然与人无关的客观事物的属性，并非纯粹的自然规律，它是社会合力的结果。这样笔者把"美的规律"定位于社会历史的规律；认为社会历史规律的客观性主要体现在支配社会历史发展的规律在其发生作用的范围内，对每一个社会主体（个体）的意志和认知而言，具有不可阻挡的客观强制性。这样，"美的规律"就不再简单地只是一个在人之外固定不变地存在着的所谓"物"的自然规律、客观规律了。这次讨论使笔者感到，我们有的同志在思维方式上还停留在用简单的唯物、唯心对立的认识论思维模式来讨论问题。我们学界当前在研究学术问题思维方式的创新问题上仍然任重道远。因此，从21世纪中国美学的发展来看，笔者认为阻碍我们美学取得突破性进展的一个主要障碍就是那种僵化的主客二元对立的认识论思维模式。

二、超越传统的认识论：西方美学发展的历史趋势给我们的启示

从西方美学两千多年的历史发展来看，传统美学占主导地位的哲学基础一直是一种主客对立的认识论。主客二分的科学分析式的认识方式向来是西方占主导地位的思维模式，以此获取关于外在世界和事物的可靠的知识也一直是西方人最重要的一个价值目标。对于美学研究来说，人们也是自觉地把美作为一个知识对象来认识。柏拉图就是自觉地把美作为一个自己要加以分析认识的对象来认识，只把对"美本身"的沉思、获取美的普遍知识作为寻求的目标，而不关心各种具体的"美的东西"，提出美是一种"理念"；亚里士多德则认为，艺术能令我们愉悦是因为我们在看到艺术模仿某物时，就想起了它模仿的是现实中的某物，从中获得了知识，从而把获取知识作为审美的第一价值标准。这样，求知的认识论心态成为人们美学研究的首要价值参照系和出发点。也因此，真实"模仿"自然、客

观反映现实也就成了传统美学的一个主要价值标准。笛卡儿以来的理性主义思潮把人的理性"我思"作为认识外界客观事物的出发点和中心，确立了主体的中心性、优先性和基础性，这种认识方式的前提是主客体二分，即把要认识的对象作为客体与作为主体的人对立起来，这就使主客二元对立的认识论方式成了近代以来西方的一种主要认识方式和思维方式，当然也是美学研究的一个主要思维方式。它把"美"作为一个纯粹客观和固定不变的对象或概念来分析、研究和认识，从而总是追问"美是什么"，试图给"美"下一个确切的定义，获得对美的固定本质的认识。从柏拉图、亚里士多德到康德、黑格尔莫不是如此。

而从19世纪中期以来，西方美学发展的一个明显趋势就是，从各个角度、多方位地对传统的以追求客观知识为目标的、主客二元对立的认识论美学展开批评和反拨。唯意志主义哲学家叔本华认为当一个人"不是让抽象的思维、理性的概念盘踞着意识，而代替这一切的却是把人的全副精神能力献给直观，浸沉于直观，并使全部意识为宁静地观审恰在眼前的自然对象所充满，不管这对象是风景，是树木，是岩石，是建筑物或其他什么。人在这时，按一句有意味的德国成语来说，就是人们自失于对象之中了"①。叔本华把这种失去理性认识状态的"自失"的"直接观审"作为真正的审美状态，让人与物直接融合在一起，而不是划出物我、主客体界限来认识，认为这种超越认识的"观审"才是真正的审美。叔本华以这种带有非理性色彩的直观方式反对传统主客二元对立的认识论美学。而直

---

① 叔本华：《作为意志和表象的世界》，石冲白译，商务印书馆1982年版，第249—250页。

觉主义者克罗齐则认为："知识有两种形式：不是直觉的，就是逻辑的；不是从想象得来的，就是从理智得来的；不是关于个体的，就是关于共相的；不是关于诸个别事物的，就是关于它们中间关系的；总之，知识所产生的不是意象，就是概念。"[①]而审美既不是概念，不是理智，不是逻辑，也不是共相，审美就是直觉，当头脑中的直觉活动完成以后，艺术审美就完成了。克罗齐虽然仍把作为直觉的艺术和审美看成是知识的一种形式，但他实际上是以人的直觉活动颠覆了传统美学的主客二分的认识论思维方式。精神分析学大师弗洛伊德则把人行动的根本动力归结为人的性本能、无意识，认为"力比多"的无意识是人活动的力量源泉。对于诗人的审美创作来说，"同白日梦一样，艺术创作是过去儿童游戏的继续和代替。……诗人所完成的东西，是他最大的隐私"[②]。弗洛伊德把审美创造看作艺术家的白日梦或者无意识的转移和升华，弗洛伊德这种研究美学的无意识精神分析方法，使传统的那种主客二元对立的科学分析的认识论研究方式受到极大的冲击。另一位对现代美学有着深刻影响的哲学家尼采强烈地批评那种认为知识和认识可以包治百病的"苏格拉底式乐观主义"，提出"真理比外观更有价值，这不过是一种道德偏见而已；它甚至是世界上证明得最差的假定"[③]。以此反对传统的真理—认识论，要求人们勇敢

---

①　克罗齐：《美学原理》，朱光潜译，载《朱光潜全集》（第11卷），安徽教育出版社1989年版，第131页。

②　西格蒙·弗洛伊德：《诗人与幻想》，载《美学译文》（第3辑），中国社科出版社1984年版，第336—337页。

③　熊伟主编：《存在主义哲学资料选辑》（上卷），商务印书馆1997年版，第129页。

地停留于事物表面，去追求感性生命的强力意志，建立"生理学美学"，而不是去追求所谓事物的客观本质或真理的美学。在《权力意志》中尼采反复强调说："要以肉体为准绳……因为，肉体乃是比陈旧的'灵魂'更令人惊异的思想。无论在什么世代，相信肉体都胜似相信我们无比实在的产业和最可靠的存在——简言之，相信我们的自我胜似相信精神。""根本的问题：要以肉体为出发点，并且以肉体为线索。肉体是更为丰富的现象，肉体可以仔细观察。肯定对肉体的信仰，胜于肯定对精神的信仰。"①尼采如此强调感性肉体的基础地位，其深层原因就是对几千年以来西方思想中根深蒂固的追求客观知识的知识主义信念的反叛，对传统主客二元对立论认识方式所带来的弊端的深恶痛绝。以强调感性生存的美学研究方式来代替传统以求知为目的的主客二元对立的认识论的美学研究方式，是西方现代美学发展中的一个重要的趋势。

存在主义哲学家海德格尔则把西方传统的这种认识论思维方式的弊病归结为"对存在的遗忘"。从存在主义的先驱克尔恺郭尔开始，存在主义就指出任何认识都是人的认识，这就必须首先明确人的存在状况是怎样的，然后才能谈认识真理的问题。把对外物的认识分析转为对人的存在本身的优先性研究，使认识论走向存在论。克尔恺郭尔指出："不管真理是被经验地定义为思维和存在的一致，或是被观念地定义为存在和思维的一致，重要的是每一个定义都应该审慎地指明存在意味着什么。"②而人的

---

① 尼采：《权力意志——重估一切价值的尝试》，张念东、凌素心译，商务印书馆1991年版，第152、178页。

② 熊伟主编：《存在主义哲学资料选辑》（上卷），商务印书馆1997年版，第13页。

存在就意味着主体是一个生存着的个人，而"生存是一个生存的过程，因而，作为思维与存在的同一的真理概念是一种对抽象的幻想，就其真理性而言，它只是对造物的一种期待"①。因为认识是一个生存着的个体的认识，而生存是一个过程，是每时每刻都在改变着、流动着的个体，因而不可能有静止的"同一"，一切都是在人生存的过程中生成的，客观静止"同一"的认识是不存在的，这就无异于拔掉了传统认识论的根基。因此，克尔恺郭尔把哲学的中心转到对当前人的生存状态的感受上，而不是转到对外在客观真理的认识上。海德格尔也认为，传统认识论思想没有对主体自身的存在本身有所领悟就谈存在者的存在，实际上不能真正指明存在。他指出："康德耽搁了一件本质性的大事：耽搁了此在的存在论，而这耽搁又是由于康德继承了笛卡尔的存在论立场才一并造成的。……笛卡尔发现了'cogito sum'〔'我思故我在'〕，就认为已为哲学找到了一个可靠的新基地。但他在这个'基本的'开端处没有规定清楚的正是这个思执的存在方式，说得更准确些，就是'我在'的存在的意义。"②海德格尔把人的当下生存的"此在"状况作为一切存在论的基础，使人的存在论获得了优先地位，"其它一切存在论所源出的基础存在论〔Fundamentalontologie〕必须在对此在的生存论分析中来寻找"③。人的存在是"此在"，即一个特定的存在，通过自己的"操劳"在世界中存在，

---

① 熊伟主编：《存在主义哲学资料选辑》（上卷），商务印书馆1997年版，第21页。

② 海德格尔：《存在与时间》，陈嘉映、王庆节译，生活·读书·新知三联书店1999年版，第28页。

③ 海德格尔：《存在与时间》，陈嘉映、王庆节译，生活·读书·新知三联书店1999年版，第16页。

通过自己的"在世"与世界打交道。人，就是人生在世，没有抽象的人先在地存在某处，他就在世界中，也没有一个纯粹客观的世界在人的对面等待人来认识。人和世界都是在他（它）们的"交道"中存在的，因而，除了"此在""亲在"以外，没有客观固定不变的对象被同样固定不变的纯粹主体进行所谓的真理性认识，真理就是"此在在世"这种当下生存的自行置入。海德格尔以"此在"正在（在世）的生存论的生成思想来超越西方传统的主客二元对立的认识论思维方式，给人们巨大的震撼和启发。

我们看到，试图克服传统认识论思维的弊病然后超越这种思维方式，成了西方现代美学寻求新的发展和突破的一个基本趋势，这种思维方式的根本改变使得西方现代美学获得了极大的突破性发展，它的丰富性、建设性和生长潜力几乎超过了以往全部美学观念的总和。这也给我们尝试突破当代中国美学发展的瓶颈提供了重要参照和启示，那就是一定要跳出单纯的主客二元对立的认识论的思维方式和框架。

三、以实践论与存在论的结合为哲学基础，走向实践存在论美学

如何才能跳出认识论的思维方式呢？结合我国当代美学的现状和世界美学发展的历史趋势来看，可能有多种超越的途径；而在现有的几派美学中，笔者认为还是实践美学仍有改革、更新的可能。总体看来，实践美学虽有不足，但它并没有完全过时，特别是非主流派的蒋孔阳先生以实践论为基础、以创造论为核心的审美关系说，实际上已经开始寻找存在论的根基，尝试超越主客二元对立的思维方式，为我们树立了创造性发展和建设

实践美学的范例。如果我们能沿着这一思路前进，树立起"美"是当下生成的"人生在世"的一种状态而不是现成的认识对象的观念，从而不把美作为一个在人以外早已存在的客体去认识，而是将实践论与存在论结合起来作为哲学基础，以此走向实践存在论的生成性美学，或许这能作为当今美学突破的一条尝试之途。下面试对实践存在论美学的要点略作陈述。

（一）美是生成的而不是现成的

传统主客二分的认识论美学的一个基本立足点就是把"美"作为一个早已客观存在的对象来认识，从而总是追问"美是什么"的问题。由于已经先在地把"美"设定为一个客观的实体，所以它就必须找到一个唯一的答案，为"美"下定义；但实际上那个先在的"美"是不是存在的以及是如何存在的，人们还并不清楚。这就无异于给一个还处于空无状态的东西下定义，从而使人们陷入了一个怎么说都可以却总是说不清、道不明的怪圈之中。这里的要害是认识论的思维框架。我们要取得根本性的突破，就必须首先跳出一上来就直接追问"美是什么"的认识论框架，而是重点关心"美存在吗？它是怎样存在的？"这样一种存在论问题。因为只有"美"存在了，然后才能言说"美"是什么等其他问题，而传统美学不问美是否存在或怎样存在就直接问美是什么，绞尽脑汁给"美"下定义，结果陷入理论误区，因为连是不是存在着美都没有解决就问美是什么，这在逻辑上也说不通。因此，美的存在问题是美的首要问题。

那么，美是怎样存在的呢？我们认为没有一个客观固定的美先在地存在于世界某个地方。美是在人的审美活动中现时、当下生成的。美只存在于正在进行的审美活动之中，只有形成了人与世界的审美关系，美才存在。也就是说，从逻辑上说，审美关系、审美活动先于美而存在。没有审美活动，就没有美。美永远是一种"现在进行时"。

"美"不是"美的东西"。某个"东西"是存在的，但如果是"美的东西"，则必须是在审美活动中才存在。人对世界的"东西"有形成多种关系的可能性，人对某个东西可能是占有的欲望功利关系，也可能是纯粹客观的科学研究关系等。在欲望的关系中，人要为自己而占有或者消灭那个"东西"，这时候没有"美"存在；在纯科学的研究关系中，人要分析那个"东西"的结构，这时候也没有美存在。当人以一种情感的非功利观照态度即以审美的方式来观照这个"东西"的形象时，可能有一种特殊的状态或感受出现在这个活动过程中，这时美就产生了。如海德格尔所言，一幅画和茶缸放在背包里，一部《莎士比亚全集》放在床头柜上，如果没有被人审阅欣赏，它们与堆放着的土豆在那时是具有同样"物性"的"物"而已，只有在审美观照之中它们才变得不一样，才有可能成为"美"而被人"审"。所以，审美关系不是现成的，而是生成的。

人与世界的关系有多种可能性，一个人自身也有多种可能性。在一天之中一个人有时可能是粗鲁的人、野蛮的人；而有时又可能是讲伦理道德的人、高尚的人；另一些时候可能是实事求是、讲究科学严谨的人；还有一些时候可能是情感的、非功利的人；等等。人不可能始终都是一种状态，更不可能只有一种状态。所以，没有一个一直都处于审美状态的"审美主体"存在。这个"审美主体"可能在不审美的瞬间是一个充满了原始欲望的猥琐卑鄙的人，这也是有可能的，但这并不是说他这样一个主体在审美的时刻就不能成为一个"审美的主体"。主体就是一个主体，科学的主体、道德的主体……而当他在审美的时刻里，他就是一个审美的主体。可见，审美主体也不是现成的，而是生成的。

同样，审美客体也不是现成、固定的。我们所谓的客体，是相对于主体人而言的，是人的对象、对立面。应当说，客体作为人的对象，它就是一个客体，是中性的。人与客体发生不同关系时，客体就成为不同性质的客体，比如：当人在对客体进行科学研究的时候，这个客体成为一个"科学客体"；而当人对这个客体进行欲望活动时，这个客体就又变成了一个"功利的客体"；当人对这同一个客体进行审美式的观照时，这个客体就成了一个"审美客体"。美就是在人的审美活动中、在人与世界形成审美关系时的当下生成的。因此，我们可以说美同样不是现成的，而是生成的。

总之，从逻辑上说，"审美主体"和"审美客体"（包括"美"）都是在审美关系确立后，在审美活动中当下、同时生成的，没有一个早已存在的固定不变的"美的主体"或"美的客体"（广义的"美"）存在。在此，我们必须确立审美关系逻辑先在的原则。

再从人类历史发展的实际情况来看，"审美客体""审美主体"也不是从来就有的，而是从无到有，在人类生产生活的长期实践中一步一步、历史地形成的。众所周知，大自然的山水在很长一段时间里就只是自然山水，并不是人类的"审美客体"，而且还是作为人类的异己力量和人类的"敌人"而存在的。在人类的孩提时代，人和自然的关系还处于一种敌对的关系之中，"羿射九日"、"精卫填海"、各民族的大洪水故事等都说明早期的"日""海""水"等自然事物都是人类的异己力量而不是审美的客体。正如马克思所说: "自然界起初是作为一种完全异己的、有无限威力的和不可制服的力量与人们对立的, 人们同它的关系完全象动物同它的关系一样, 人们就象牲畜一样服从它的权力。"①人类早期与自然的关系主要是求生存、繁衍种族的实用功利关系, 人类的活动也主要都是一种与艰苦的生活环境作斗争、求生存的实用活动; 只是随着人类社会经济和文化、文明的发展, 自然才慢慢与人建立起审美的关系, 进入人类的审美视野, 成为人的"审美客体"的。人类的审美活动就是这样从无到有、从简单到丰富不断生成的, 而且只要人类和人类文明还存在, 这种审美活动和(广义的)美就会继续生成下去、永远生成下去。在此意义上, 我们可以说, 审美活动、审美关系乃至"美"都是过程, 都是生成的。历史实践告诉我们, "审美主体""审美客体"也都是历史发展、生成的产物, 它们不是从来就存在的一个客观事物, 而是随着历史发展而逐步形成并不断丰富、发展的。

(二)审美活动是一种基本的人生实践

因此, 我们可以说, 审美活动是美学问题的起点, 有关美的一切问题都在审美活动中产生, 也应在审美活动中求得合理的解释。有关美的问题只有在审美活动正在进行的过程中才是现实的美的问题, 才构成真正的美学问题。所以, 追问那个抽象的美是什么, 实际上也就是问在人类的无限

---

① 马克思、恩格斯: 《德意志意识形态》, 载《马克思恩格斯选集》(第1卷), 人民出版社1972年版, 第35页。

丰富的实践活动中什么样的活动才是审美的活动。这就提出了审美活动与人生实践的关系问题。

人生实践是人的基本存在方式。人是通过实践而成为人的，人也应当通过实践而得到越来越全面的发展，越来越成为真正意义上的人。这应该构成我们美学理论的哲学基础。一切美学问题都应该在这个基础上加以思考和研究。人的存在或者生存，不是一个抽象不变的概念，更不是一个僵化的客体。人就生存、存在于他与世界交往、打交道的实践活动之中。同样，人的本质也不是抽象的、固定不变的，而是生成的；没有一种先验的、永恒存在于某个地方的人的本质。人是在他的实践活动中形成自己的本质特性的。人在世界中存在，人的一生总是在不断地同世界打交道、进行着各种各样的活动，人在活动中生存，不活动，人就不存在。这种活动就是人生的实践。以前我们对"实践"的界定主要着重于其制造、使用工具这样一种物质生产活动，或者把实践狭窄化为阶级斗争、生产斗争和科学实验，而把其他的林林总总的人生活动都排除在"实践"范围之外了。在亚里士多德那里，实践已不限于制作工艺的技术性活动，而是偏重于伦理道德活动；到了康德，他把人的认识活动分成三大块，即所谓的纯粹理性、实践理性与判断力，实践在他那里主要是指意志领域的道德活动，当然也包括人的一些其他活动，但是，审美的直观判断属于情感活动，因而不是意志领域的"实践"。这比我们今天许多学者仅仅把人制造和使用工具的物质生产活动以及生产斗争、阶级斗争、科学实验等社会性的"大活动"看成实践显然要广泛得多。这些"大活动"固然都是实践，但人的实践绝不只限于这样的范围。道德伦理的活动是人生的重要实践；包括艺术和审美活动在内的人的精神生产活动也不能排除在人生实践之外；此外，以社会性的个体存在和在生产为目的衣食住行、婚丧嫁娶等日常生活的"杂事"也都是人生实践的题中应有之义。人生实践的范围是非常宽广的。正是在这个意义上，我们说人的基本存在方式就是人生实践。

进行审美活动是人生实践的一个基本内容。当人超越了生存的基本功利需要之后，就会产生进行审美活动的需要，就会进行形形色色的审美活动。审美活动是众多的人生实践活动中的一种，是人的一种高级的精神需要，而且是见证人之所以为人的最基本的方式之一。它是人与世界的关系由物质层次向精神层次的深度拓展；它与制造工具、生产、科学研究等一样，是人类不可缺少的一种基本的人生实践。一句话，审美活动是人超越于动物、最能体现人的本质特征和生存方式的一种基本的人生实践活动。

（三）广义的美是一种高层次人生境界的展现

人生实践活动是极其丰富的，但这些丰富的实践活动并不是一个层面上的活动，它们是有着不同的层次的。有的是高层次的，有的是低层次的。有的活动是人满足自己最基本的肉体生存需要的活动，比如吃喝、睡眠等生理活动；有的是推动或者阻碍人类社会前进的重大活动，如社会经济改革或破坏、政治革命运动的成败、重要科技创造以及应用活动等。一般说来，满足单纯个人性的生物需要的活动是低层次的，满足推进人类社会进步的活动是高层次的；满足人的物质生活需要的活动虽然最为基本，但层次相对较低，而满足人的精神生活需要的活动则层次相对较高。但不论高低，这些分层次的活动却都是人的生存、存在所必需的活动，人不是只需要高层次的活动而不需要所谓低层次的活动的。人来源于动物就不可能完全消灭他的动物性，只是在一个人身上他的动物性、生物性和社会性的人性所占的比重不同而已，这种不同的比重就把人区分为无数不同的层次，这种不同的层次在一定意义上可以说就是不同的人生境界。我们所说的高的人生境界就是在基本的生物性存在之上，不断远离单纯的生物性而无限趋近于更加丰富的人性活动。因此，人的生存是讲境界的，人的生存是一种境界性的生存。在现实生活中，人往往是有限性的生存，受到生物性的感官功利的制约或者社会性的道德规范等的强制而不自由，而审美活动则是在超脱主体功利与外界规律基础后的一种精神的自由活动。审美活动是在人满足了基本的生物性生存基础之上的一种活动，是人的一种高层次的实践活动，是人不断脱离其单纯动物性存在的结果，是人的生存样态不断丰富的结果。因此，审美是一种人生境界的展开，追求美就是追求更高的人生境界。广义的美，实际上就是一种高层次人生境界的展现。

人的生存是讲境界的，也只有人的生存是讲境界的。在西方思想世界里，人的生存也是一直有着各种不同的境界的。在柏拉图那里，他重视理性贬低情欲，哲学家的生存是最高境界的，是"理想国"里的王；中世纪要人们抛弃感性，皈依上帝，虔诚的信仰生活是最高境界的生活；康德在知、情、意的世界里，把审美的"情"看作连接智与意的中间环节，其是向最高的道德境界过渡的环节；"美学之父"鲍姆嘉通在理性认识和感性认识的比较中，把审美看成一种低级的感性认识，仍然把理性认识的生活看作最高境界的生活；黑格尔把美、艺术看作通达最高的哲学境界——"绝对精神"的前奏；席勒把审美看作介于"理性冲动"与"感性冲动"

之间的一种"游戏冲动"，把审美看作达到"理性人"的过渡环节；存在主义的先驱克尔恺郭尔认为人有三种境界：审美的境界、伦理的境界、宗教的境界，审美境界是达到信仰境界前的一个低级阶段，因为这时人全凭感情、感性而不是理智来处理事情；尼采则把人分成动物、人和"超人"三种境界，"人"仅仅是达到"超人"的一个桥梁，具有"强力意志"的超人才是最高的生存境界。这些思想家都把人的生存分成不同的层次境界，只是在西方传统思想里，一般都把知识、理性、道德、哲学式的生存作为最高境界的生存方式，审美并不是一个理想的生存境界，这是与西方几千年以来的"求真意志"分不开的。但西方思想发展到现代的一个趋势却是对传统的"求真意志"的批判，提高审美在人的生存中的层次，把审美作为拯救在现代技术社会中"异化"的人类的一剂良方，作为一个越来越高的人生境界来追求。

在中国，人们也是讲生存的境界的。孔子说：三十而立，四十不惑，五十知天命，六十而耳顺，七十从心所欲不逾矩。这实际上就是一个人的不同的人生境界，孔子是向往、赞同那种"从心所欲不逾矩"的自由和"吾与点也"的那种颇具审美精神的从容境界。庄子所向往的是那种"相忘于江湖"、不"物于物"、"独与天地精神相往来"的物我两忘的自由境界，是一种"游刃有余"的心灵的"逍遥"。这种自由、这种"逍遥"在很大程度上是一种审美精神。中国人所向往的就是这样一种能进能退、"达则兼济，穷则独善"的自由境界，一种天、地、神、人自然和谐相处的境界，即我们传统所说的"天人合一"的境界。诚如冯友兰先生所言，人的境界有自然境界、功利境界、道德境界和天地境界：犹如动物性自然本能地生存，吃饭就吃饭，教书就教书，这是自然境界；而为了自己个人一定的目的而做了某事，这是功利的境界；为了更多的人、为了社会而做了某事，这是道德境界；而似乎没有什么目的却有着更大的目的，不刻意为了某个目的却符合人类生存的整体性目的，这就是天地境界、"从心所欲不逾矩"的境界。而这种最高境界往往是审美式的，或者是同审美状态息息相通的。因此，中国人的生存是讲境界的，而中国人的最高境界往往同时是审美的境界。

就字面意义来讲，"境"是边境、范围、界限的意思，一个省有省境，一个国家有国境；"界"，也是界线、范围的意思，一个县有县界，一个国有国界。境界的意思就是边界、范围的意思。境界高就是可以自由活动的界限宽、空间大；境界低就是界限狭窄，没有足够大的空间。人生的境界高，就是人生的活动范围无限宽广，具有足够的活动空间，可以无限自由地展示无限丰富的人性。审美活动就是把人从单纯的生物本能活动中提升出来、大大扩展其生存空间的界限、扩展它与自然万物之间的关系的活动。审美活动把人的生存边界和界限大大扩展了，所以审美活动是人的一个高的境界。

四、《美学》：走向实践存在论美学的尝试

正是基于上面的这样一种认识，我们做了一些实际的尝试工作。在主编高校面向21世纪教材《美学》的过程中，我们就力图实现对认识论美学框架体系的突破的设想。总体上说，我们是想构建一个在审美活动中当下生成的美学。

我们认识到，要想在美学原理的研究领域里有所创新和推进，最紧要的事情就是突破长期以来主客二分的二元对立的思维模式对我们的束缚。因此，我们在反思、总结过去几十年，特别是最近二十年国内美学研究的经验教训和取得的各种成果的基础上，以美是在审美活动中当下生成的实践生存论美学思想作为重新思考美学问题、寻求美学基础理论研究突破的切入点。我们借鉴吸收了西方现象学的某些合理思路，比较自觉地发展蒋孔阳先生以实践论为哲学基础、以创造论为核心的审美关系理论，努力超越主客二分的思维模式和认识论的理论框架，把美与人生实践紧密联系起来，将"审美是一种人生实践""广义的美是一种特殊的人生境界"的主旨贯穿全书，以审美活动论为教材编写的中心和逻辑起点，然后从"审美形态论""审美经验论""艺术审美论""审美教育论"等方面展开论述，整个教材从基本思路、逻辑框架到概念范畴等都有一定的创新。

我们这本由高等教育出版社出版的《美学》除导论外共分为五大部分：审美活动论、审美形态论、审美经验论、艺术审美论和审美教育论。我们把审美活动论作为全书的逻辑起点和核心部分，它提出审美主客体都是在审美活动中现时地、动态地生成的，审美活动是人类对自己生存方式的一种认同和确证，是人的一种存在方式，是人的一种基本的、高级的人生实践活动。在此基础上的人生实践活动在不同层次上的展开，实际上就是各种不同的审美形态，从而把审美形态定义为"不同层次的人生境界的感性的、具体的表现"。审美经验论则强调审美经验必须当主体处在与对象的审美关系或活动中才会形成，它是审美活动中主体对审美对象的反应、感受和体验的过程和结果；审美经验的根本性质是实践，是与人生实践、审美实践活动不可分割地联系在一起的。审美经验不是传统所说的一种关于过去的回忆性的固定体验，而是在审美活动正在进行的过程中才有审美的经验，它是现时生成的。"艺术审美"是人类审美活动的集中体现，我们从存在论的新视角出发追问艺术是怎样存在的，从艺术活动的整体存在来界定艺术，开辟了艺术存在于从艺术创造到艺术作品再到艺术接受的动态流程中这一新的解释路径。在审美教育论上，我们以提升人生境界、促进人全面发展为出发点，指出要使审美活动与人生实践活动有机地统一起来，真正达到人生的最高境界，还要借助于审美教育。这样，我们以审美活动为起点，在审美活动的动态生成过程中把审美的主要问题连接在一起，形成了一个动态生成的体系。

《美学》只是我们初步的尝试，存在不少问题。我们深知，要真正实现我们美学研究的突破性发展还有很长的路要走，要与时俱进，回应时代提出的新挑战，美学界的同人还需共同努力，继续探索。我们欢迎大家对我们的尝试工作提出批评指导，以便我们共同推进当代中国美学的建设。

第六章　实践存在论美学要义

笔者在上一章就说过：中国当代美学正处于一个十分微妙的发展阶段，一方面人们开始认识到传统美学存在着种种局限，力图克服这种局限，实现美学的新发展；但同时我们仍然受到传统美学思维方式的影响，未能完全突破传统的认识论思维方式和框架的束缚，因而没能获得真正突破性的大发展；而当代中国美学要实现重大的突破和发展，一个最重要的途径就是要首先突破主客二元对立的单纯认识论思维方式和框架。

一、传统认识论美学思维方式的局限

传统认识论美学的主导思维方式是近代以来认识论的思维方式。这种认识论思维方式的显著特征有二：一是主客二分，一是现成论。主客二分的要害是把人与世界截然分为两块，认为人是主体，世界是客体，人与世界的关系是主体与客体的认识关系；现成论的要害是把人与世界从生生不息的生成之流中抽离出来，使之双双变成现成的实体存在者，人被看作具有理性能力的现成主体，世界被看作等待人去感知、认识和理解的现成客体，人与世界的关系被看作一种现成存在物与另一种现成存在物之间的关系。

对传统认识论主客二分的思维方式，海德格尔从存在论高度做过深刻的批判。在其前期代表作《存在与时间》中，海德格尔通过对存在之意义问题的探讨，对近代以笛卡儿为代表的"知识形而上学"传统的根基进行了彻底的检验和质疑。他指出，作为笛卡儿形而上学之基础的主体与客体二元对立的认识论，在没有理清存在的意义之前就把人与世界设定为现成存在的主客体关系，"把这个'主客体关系'设为前提"，设为某种"不言自明"的东西，而在海德格尔看来，"它仍旧是而且恰恰因此是一个不祥的前提"，其关于存在的判断是没有根基的。因为它"把这种关系理解为现成存在"，那人（此在）与世界在"实际性"上被分割为"现成存在"的两个"存在者"——主体与客体，两者在分立、对立的"前提"下，"一个'主体'同一个'客体'发生关系或者反过来"。海氏认为，这种预设的前提在存在论上是错误的，而且正"由于存在论上不适当的解释，在世（即"在世界之中存在"——引者注）却变得晦暗不明了"，造成"人们一任这个前提的存在论必然性尤其是它的存在论意义滞留在晦暗之中"。①这种主客二分的认识论在存在论上是错误的，缺乏存在论的

---

① 海德格尔：《存在与时间》，陈嘉映、王庆节译，生活·读书·新知三联书店1999年版，第69页。

根基。

以近代认识论的思维方式来理解审美现象，其基本思路主要包括以下四层：其一，人是现成的审美主体。尽管不同的人有不同的感觉、想象、理解能力，不同的精神态度、主观心境、生活经验、知识素养，但他们的审美主体身份却总是固定不变的。其二，世界万物是现成的审美客体。尽管万物的美有高低强弱之分，譬如，白天鹅比麻雀美，桂林山水比普通山水美，西湖比一般池塘美，牡丹花比牵牛花美，拉斐尔的绘画比普通工匠的制作美，如此等等，但这仅仅只是程度的不同，而且这种不同也是固定不变的，不过它们作为审美客体却是无可置疑的，情形有如狄德罗所说："不论我想到还是没想到卢浮宫的门面，其一切组成部分依然具有原来的这种或那种形状，其各部分之间依然是原有的这种或那种安排；不管有人还是没有人，它并不因此而减其美。"①其三，现成的审美主体去感知、认识、反映、理解现成的审美客体，便构成审美关系，形成审美活动。审美关系在根本上是一种认识关系，审美活动在根本上是一种认识活动。尽管审美也有特殊性，譬如它始终有形象、体验、想象、情感相伴随，但这种特殊是审美作为认识活动的特殊，是属于认识论整体框架内的特殊。其四，美学研究的最高目标，在于求得对终极的美本身、永恒不变的美的本质的认识、理解和界定。认识论美学坚持认为，美是客体，客体有本质与现象、一般与个别、普遍与特殊之分。呈现在我们面前的是美的个别、具体事物，它们的背后都有一个美本身，一个美之为美的最高属性、终极本

---

① 狄德罗：《关于美的根源及其本质的哲学探讨》，载《狄德罗美学论文选》，人民文学出版社1984年版，第25页。

质。美学的使命，就是要追溯出美本身，或者概括出美的本质，为美下一个放之四海而皆准的、普遍而永恒的定义。否则，美学不能称为"学"，够不上知识论的资格。

我们当然承认，近代认识论及其思维方式自有它的独特价值和用武之地。人类告别愚昧，发展理性能力，征服改造自然，增加社会财富，不断向更有生存主动性的阶段进发，这些都与近代认识论的引导不无关系。主体与客体、思维与存在、精神与物质、理性与感性的二元分立，乃是近代认识论得以建立的前提条件。特别是自笛卡儿完成从传统本体论到认识论的转向以来的近代西方哲学，对人类思维发展起了重大作用，主客二分的思维方式在相当长时期内对近现代自然科学（也对社会科学）的发展起了巨大的推动作用。同时，就具体的审美活动而言，其某些层次、环节、局部也包含着认识因素。对这些认识因素，无疑需要借助于认识论加以探究。

但是，我们却不赞同把这种近代以来的认识论当作美学研究的基本思维方式。首先，这种认识论以主客二元对立为中心，在主体方面设定感性与理性、灵与肉的二元对立，在客体方面设定本质与现象、普遍与特殊的二元对立，然后以这一套二元对立模式去解释丰富多彩的审美现象，这就必然造成一种本质主义的美学思路。其次，它把审美活动包括审美主客体从生生不息的生成之流中抽离出来，切断主体之为审美主体、客体之为审美客体的"先在语境"，即它们所处的人与现实世界的具体审美关系，也就切断了审美活动的存在论维度，即人生在世的生活活动或人生实践。

我们认为，中国当代美学要创新发展，必须彻底突破这种近代以来形成的认识论美学的思维方式。我们提出实践存在论美学，正是想在这方面做一次初步尝试。

二、实践存在论美学提出的根据

我们提出实践存在论美学的主要理由有三：

第一，我们看到，在马克思的学说中，实践概念与存在概念有一种本体论上的共属性和同一性，二者揭示和陈述着同一个本体领域。马克思说："通过实践创造对象世界，改造无机界，人证明自己是有意识的类的存在物"[①]，"人们的存在就是他们的现实生活过程"[②]，"社会生活在本质上是实践的"[③]。在马克思看来，实践就是人的存在方式。人正是在实践中展开他的自我创生活动，彰显他的存在意义，获得他的存在方式的。世界也正是在实践中才生成为人的世界，才作为人的世界而存在的。"环境的改变和人的活动或自我改变的一致，只能被看作是并合理地理解为革命的实践"[④]，"全部所谓世界史不外是人通过人的劳动的诞生，是自然界对人说来的生成"。人和世界的存在，"已经具有实践的、感性的、直

---

① 马克思：《1844年经济学—哲学手稿》，刘丕坤译，人民出版社1979年版，第50页。译文略有改动。

② 马克思、恩格斯：《德意志意识形态》，载《马克思恩格斯选集》（第1卷），人民出版社1995年版，第72页。

③ 马克思：《关于费尔巴哈的提纲》，载《马克思恩格斯选集》（第1卷），人民出版社1995年版，第56页。

④ 马克思：《关于费尔巴哈的提纲》，载《马克思恩格斯选集》（第1卷），人民出版社1995年版，第55页。

观的性质"。①可以说，从实践着眼审视存在，从现实存在着眼来审视实践乃是马克思唯物史观的精髓。

第二，实践与存在揭示着人存在于世的本体论含义，是对近代以来主客二分思维方式的重要超越。"人在世界中存在"（张世英先生概括为"人生在世"）这个命题是海德格尔针对近代认识论主客二分思维方式无根的缺陷所提出的一个基本本体论（存在论）命题。海德格尔在批评笛卡儿"我思故我在"的主客二分的认识论思路的同时，提出必须首先厘清存在的意义问题。海德格尔认为，存在总是某种存在者的存在，不可怀疑的不是"我思"这个主体，而是作为存在问题之提问者对存在的在先的领会，因而这一提问者（人）作为存在者之一具有存在论上的优先地位，海德格尔称之为"此在"。他认为："此在本质上就包括：存在在世界之中。因而这种属于此在的对存在的领会就同样源始地关涉到对诸如'世界'这样的东西的领会以及对在世界之内可通达的存在者的存在的领会了。"②他认为此在的存在论就是其他一切存在论所源出的基础存在论，并提出了此在的存在论的基本命题，即此在（人）"在世界之中存在"（"在世"）。他首先强调这一命题与二元论相反，"这个复合名词的造词法就表示它意指一个统一的现象"③，而非主客二分式的。其次，他又

---

① 马克思：《1844年经济学—哲学手稿》，刘丕坤译，人民出版社1979年版，第84页。

② 海德格尔：《存在与时间》，陈嘉映、王庆节译，生活·读书·新知三联书店1999年版，第16页。

③ 海德格尔：《存在与时间》，陈嘉映、王庆节译，生活·读书·新知三联书店1999年版，第62页。

指出，此在"在之中"不是人（身体物）"在一个现成存在者'之中'现成存在"，而是"意指此在的一种存在建构，它是一种生存论性质"，是此在"把世界作为如此这般熟悉之所而依寓之、逗留之"。①再次，他用"此在生存论上的基本建构的亮光朗照""此在在世"命题，揭示出此在"能够领会到自己在它的'天命'中已经同那些在它自己的世界之内向它照面的存在者的存在缚在一起了"②，换言之，"这个此在具有在世界之中的本质性建构"③。海德格尔正是通过这种对此在的生存论分析，阐明了"此在在世界中存在"即"人生在世"这个命题的存在论意义。这就意味着不存在孤零零的绝对主体，也不存在与此在决然对立的客体，此在（人）在时间、空间中在世并将诸存在者带上前来，它们相互启蔽而又相互遮蔽，存在于主体和客体之间不可跨越的鸿沟被生存、共同在世消解了。这是对思维与存在、主体与客体二元对立的一个重大超越。

以此在的生存论即人生在世的存在论取代主客二分的认识论，为哲学、美学的发展指出了一条新路。不过应该指出，人生在世并不是海德格尔的发明，实际上马克思已经发现并做过明确的表述："人不是抽象的蛰居于世界之外的存在物。人就是人的世界。"④只不过马克思没有直接用

---

① 海德格尔：《存在与时间》，陈嘉映、王庆节译，生活·读书·新知三联书店1999年版，第63—64页。

② 海德格尔：《存在与时间》，陈嘉映、王庆节译，生活·读书·新知三联书店1999年版，第65—66页。

③ 海德格尔：《存在与时间》，陈嘉映、王庆节译，生活·读书·新知三联书店1999年版，第64页。

④ 马克思：《〈黑格尔法哲学批判〉导言》，载《马克思恩格斯选集》（第1卷），人民出版社1995年版，第1页。

这一存在论思想来批判近代主客二分的认识论罢了。但是，马克思高于和超越海德格尔之处是用实践范畴来揭示此在在世（人生在世）的基本在世方式。在马克思看来，人不是作为一种现成的东西摆放在世界上，世界也不是作为一个现成的场所让人随意摆放，相反，人是从事实际活动的人，人在世界中存在，就意味着在世界中实践；实践是人的基本存在方式；实践与存在都是对人生在世的本体论（存在论）陈述。海德格尔的存在论始终没有达到马克思的实践论的高度，而马克思则把实践论与存在论有机结合起来，使实践论立足于存在论根基上，存在论具有实践的品格。这是我们提出实践存在论美学的直接理论依据。

第三，实践存在论美学是中国当代美学语境下揭示出来的一个发展方向。这里要提到蒋孔阳先生。他晚年以实践论为哲学基础、以创造论为核心的审美关系理论就从四个层面开始走向实践论与存在论的结合。首先，他从劳动实践入手直探人的存在本质，认为人的本质是从劳动实践中创造出来的，劳动没有止境，人的本质也就没有止境，永远处在创造之中。其次，他揭示了人和世界的多层累性，认为人是一个有生命的有机整体，人的本质力量是生生不已的活泼的生命力量。世界及其向人展示出来的美也是既多层累又无限流变的。再次，他揭示出审美现象的生成性质，认为美是人在对现实发生审美关系的过程中诞生的，人作为审美主体不是现成主体，而是审美关系的主体。最后，他一再提出人是世界的美，认为美的各种因素都必须围绕人这一中心，人在自己的生存实践中实现自己的本质力量而创造了美。美为人而有、因人而生，人是美的目的和归宿。综上可见，蒋先生的美学思想展示出一个以人生实践为本原，以审美关系为出发点，以人和人生为中心，以艺术为典范对象，以创造—生成观为指导思想和基本思路的理论整体。这个理论整体为我们建设和发展实践存在论美学初步奠定了基础。

三、实践存在论美学的要点

关于中国当代美学的建构，美学界一直存在不同的意见。我们讲的实践存在论美学，总的想法是吸收和继承蒋孔阳先生以实践论为基础、以创造论为核心的审美关系理论，力图超越主客二元对立的思维方式，超越认识论美学的局限，把哲学根基从认识论转向实践存在论。具体来说，就是要以马克思的实践论和存在论为理论基础，吸收西方实践哲学与存在哲学的思想资源，在本体论层面上把实践概念与存在概念在马克思主义唯物史观的基础上结合起来，然后依照实践存在论的思考框架来解说各种审美现象。

走向实践存在论美学，总体上有这样几个要点：

（一）实践是我们人存在的基本方式

马克思主义实际上已经回答了这个问题。人不是有了语言、理性或别的什么才产生的，人是通过实践，在实践中生成人自身。马克思在《巴黎手稿》中讲到，通过自然的人化，即通过把人的本质力量对象化的生命活动，不但外在客观自然被人化了，而且人自己的器官、心灵、心理结构等也进一步人化了。人就是在这样的历史实践过程中才逐渐成其为人的。因此，实践是人之为人的一个原动力，也是人之为人的一个标志。

更重要的是，实践还是人存在的基本方式。前面讲到，所谓人的存在，就是海德格尔的"此在在世"，也就是"人生在世"（人在世界中存在），海德格尔把人和世界看成是一体的，人的变化带动世界的变化，世界的变化也带动人的变化，而不是像认识论思维方式那样把人和世界看成是主客二分的，认为世界外在于人。按照人生在世的观点，人跟世界是不能分离的，一方面，人生存在世界之中，世界原初就包括了人在里面，人是世界的一部分；另一方面，世界只对于人才有意义，如果没有人，这个世界也就无所谓意义。而"在世"就是人与世界打交道，人一直处于跟世界不断打交道的过程中。在打交道的过程中，人就现实地生成了。这种打交道的过程，实际上就是人通过有意识的活动与世界发生各种各样的关系，按照马克思主义的观点，这其实就是实践。我们用马克思主义实践论来阐释和改造"人生在世"的观点，实践活动显然就是人的在世方式，或者更准确地说，人生在世的基本方式就是实践。我们每个人每天都要进行大量的各种各样的活动，包括学习、工作、经济、政治、道德、艺术、审美等等活动在内，而这些活动都是实践活动的组成部分。我们就是在各种各样的实践活动中生存和发展的。在此意义上，也就是在存在论意义上，我们说实践是人存在的基本方式。

这样，我们虽然仍然以实践作为美学研究的核心范畴，但是却突破主客二元对立的认识论，转移到存在论的新的哲学根基上了。

（二）实践的含义

既然我们把实践作为人存在的基本方式，那么实践的含义是什么呢?

在这一点上，我们与作为实践美学主流派代表人物李泽厚先生的观点有着很大的区别。从《批判哲学的批判——康德述评》开始，李泽厚先生在解释马克思关于实践的看法时，就一直强调实践就是物质生产劳动，这在实质上把实践狭隘化了。

我们承认物质生产劳动是人的一种基础性实践。没有物质生产劳动，没有制造和使用工具，人不可能脱离动物界而成其为人，也很难推动人类社会向前发展。但是，如果把实践仅仅认定为物质生产劳动，而把人的其他各种活动完全排除于外，这就显得太偏狭了。

我们认为，李泽厚先生对马克思关于实践的看法存在严重误解，马克思并没有明确说过实践就等于物质生产劳动。马克思、恩格斯是在西方的思想传统基础上来谈实践的，他们的实践观与西方的思想传统一脉相承，当然也有所推进和发展，把物质生产劳动看成是实践的核心基础即是这种推进、发展的体现。但是从西方的思想背景来看，实践从来就不是单纯指物质生产劳动，而且主要不是指物质生产劳动。这一点，可以举出亚里士多德和康德两个例子来说明西方思想传统对实践的总体看法。

在亚里士多德那里，实践主要是指道德的行为，而并不是指物质生产劳动。物质生产劳动有另外的概念，叫作"制作"或"技艺"。亚里士多德在《尼各马可伦理学》里讲到，"实践（行为）是使灵魂获得道德的平衡状态的具体的活动"[①]。在人的伦理政治活动中，使人的灵魂获得平衡状态，就是人的道德活动，或者宽泛一点，再加上政治行为，这就是实

---

① 亚里士多德：《尼各马可伦理学》，廖申白译注，商务印书馆2003年版，第38页。

践。制作活动的目的是外在于制作活动的，而实践的目的就在于活动本身。可见，亚里士多德明确地把制作和实践区分开来，也就明确地把物质生产劳动和人的道德实践区分开来。这跟李泽厚的理解是完全相反的。

再看康德。李泽厚是研究康德的专家，奇怪的是他却对康德的实践观置若罔闻。康德认为流行的看法对实践的概念有一种普遍的误解，即把认识领域的活动与物自体领域、道德领域的活动混为一谈，都称为实践。他认为按照自然概念的实践和按照自由概念的实践存在根本的差异。前者涉及人和自然的关系以及自然规律，因而康德是贬低的；他认为真正的实践是后一种，即自由领域的实践，是道德实践、伦理实践，也可以扩大到政治实践。可见，李泽厚否定了康德的区分，把自然领域的实践作为唯一的实践，这不能不说是对西方传统实践概念的一种漠视。

马克思对实践概念的理解是从西方传统继承而来的，特别是继承、改造了康德以降的德国古典哲学的实践观，并非推倒重来。在1845年《关于费尔巴哈的提纲》中，马克思明确使用"人的感性活动"来定义、解释实践概念，并没有局限于物质生产劳动；并科学地指出，"社会生活在本质上是实践的"[①]。可见，不仅物质生产劳动，而且人的各种各样的活动、人的整个社会生活，都是实践的，都属于人类广大的人生实践范围。

毛泽东对实践也有清晰的并同马克思一致的阐述。他指出："人的社会实践，不限于生产活动一种形式，还有多种其他的形式，阶级斗争，政治生活，科学和艺术的活动，总之社会实际生活的一切领域都是社会的

---

① 马克思：《关于费尔巴哈的提纲》，载《马克思恩格斯选集》（第1卷），人民出版社1995年版，第56页。

人所参加的。因此，人的认识，在物质生活以外，还从政治生活文化生活中（与物质生活密切联系），在各种不同程度上，知道人和人的各种关系。"①可见，人的实践活动既包括物质生产和生活，也包括精神生产和生活，实践应该是大于物质生产劳动的，它包括这两种生活活动的全部内容。

据此，我们认为，李泽厚的实践观不足有三：其一，把人类除物质生产活动以外的其他所有的实践形态，包括审美活动全部排除在外，把极为丰富驳杂的人类社会实践狭隘化；其二，仅仅从人与自然的关系着眼来界说实践，而悬置了人与世界其他层面的关系；其三也是更重要一点，他对实践的理解仍然没有完全突破认识论的框架，而忽略了实践的存在论维度。

综上所述，我们理解的实践是广义的人生实践。它固然以物质生产作为最基础的活动，但还包括人的各种各样其他的生活活动，既包括道德活动、政治活动、经济活动等，也包括人的审美活动和艺术活动。

（三）审美活动是一种人的基本存在方式和基本人生实践

审美活动是人生实践的一个组成部分已如上述，而且它还是一种人的基本存在方式和一种基本的人生实践。

首先，审美活动跟其他实践活动一起构成了人类实践的整体，是人生实践不可缺少的有机组成部分。人通过实践成为人，也通过实践得到了发

---

① 毛泽东：《实践论》，载《毛泽东选集》（第1卷），人民出版社1966年版，第260页。

展，其中就包括审美实践的作用在内。人类社会就是建立在包括审美活动在内的无限丰富的人生实践基础上的。人类的文明通过实践活动而得到建构和提升，作为人类文明标志之一的审美活动也在人类的实践过程中得到发展；反过来，审美活动也推进了人类实践整体的发展，推进了人类文明的建设。

其次，审美活动是人走向全面、自由发展之非常重要的一个环节和因素。人如果只局限于物质生产劳动，而没有审美活动，那么其实践就是不完整的、片面的，这种实践造就的人也是片面的、不自由的。再者，人的本质不是固定不变的，从来没有固定不变的人的本质。马克思认为，人的本质在其现实性上是社会关系的总和。人在世界中存在，就包括人在具体的社会关系中存在的含义。而人们的社会关系总是在实践中不断地变动着，因而处在社会关系中的每个个体的人的本质也总随之而不断地变动。审美活动作为人类实践的重要方面，对于推动社会关系的变化、完善和健全人的本质力量，有着其他实践不可替代的特殊功用。

最后，审美活动总体来说是一种精神活动，按照马克思的说法是一种"精神生产"，它跟物质生产劳动相比，精神性就要更强一些。因此，审美活动，尤其是艺术活动，精神性更高一些，在人的所有实践活动中，是最超越于功利性的。此外，审美活动跟其他人生实践活动相比，会更多地体现出个人的感觉、情感、直观、想象、联想、无意识等纯粹个体性的冲动和社会性的理想追求、探索、创造等理性规范之间在瞬间的碰撞、爆发；它是个体与群体活动的统一，既是个人的创造性实践活动，也是社会性的历史活动。

　　总之，审美活动是众多的人生实践活动中的一种，是人的一种高级的精神需要，而且是见证人之所以为人的最基本的方式之一；它是人与世界的关系由物质层次向精神层次的深度拓展；它与制造工具、生产、科学研究等一样，是人类不可缺少的一种基本的人生实践。一句话，审美活动是人超越于动物、最能体现人的本质特征的基本存在方式之一和基本的人生实践活动之一。下面拟对审美活动与人生实践的关系问题做进一步的说明。

　　审美是人生实践的一个不可缺少的部分，我们常说人生大舞台，舞台小人生，这句话就说明，审美活动和人生实践是紧密联系在一起的，它深深地扎根于人生实践之中。审美活动本身就起源于我们的生存和发展之中，考古发掘出土的大量文物都可以说明这一点，而且这种活动是有益于人类的发展的。从人类形成的历史过程看，人最初的时候并没有审美活动，只有当人超越了生存的基本功利性需要之后，才会产生进行审美活动的需要，才会进行形形色色的审美活动，才得以在对事物形象的直接观照中获得愉悦。在原始人的实践活动中，原始的宗教、巫术、劳动等活动是更为基本的满足生存需要的实践，人一旦在某些方面超越了这些基本的功利性生存需要，带有审美因素、原始艺术性的活动就逐渐萌发出来。换言之，在满足生存、生活的基本需要后，原始人实践活动中的审美因素逐渐积累起来，最终超越了纯粹实用的需要而让审美特征较强烈的活动凸显出来了。比如原始人制造和使用的石斧，开始只是为了砍一些东西，但是到了一定时期，会有一种定型的要求，要求比较细腻、对称等，这就有了形式感较强的美的东西产生。可见，人类的审美活动就产生于原始人的实践活动，原始的审美活动并没有独立，它和生产、巫术等活动是一而二、二而一的，是很难区分开的。所以，审美一开始就是一种与其他活动交织在一起的人生实践。

审美活动也是人的生存、发展实践的需要。鲁迅先生曾经也说过，我们一要温饱，二要发展。温饱就是要生存，但仅仅有生存还是不够的，我们还要发展。而审美活动极大地推动着人类的发展，如果没有审美活动，我们人类也许还在黑暗中徘徊，根本不可能向更高的文明前进。不但人类群体如此，对个体的人也是如此。不管什么人，在生活活动中都有可能会遇到各自的烦恼，不会一直一帆风顺，每个人都有局限性，在整个社会生活中我们没有办法超越我们有限的生存，在这种情况下人们往往就需要审美活动，需要借审美活动的帮助来摆脱自身的有限性。在审美状态中，如欣赏艺术时，人们往往可以忘乎所以，忘情地投入一部作品中去，从而从人的日常状态中超越出来，达到一种升华；在观赏大自然的美时，我们往往会觉得心旷神怡，觉得和大自然拥抱在一起，与自然融为一体，这时候大自然不再是外在于我们的，而是和我们结为一体了，在这种情况下，物我两忘，物我交融，从而超脱于日常的种种烦恼之外。人们的文化素养越高，对文明的要求程度越高，对审美的要求也就越强烈，所以古人说"宁可食无肉，不可居无竹"。孔子也在《论语》中说，听尽善尽美的《韶》乐"三月不知肉味"，就是说从音乐中获得的精神上的享受远远高于肉体上的享受。现代人对审美的要求实际上是更加强烈了，科技越发达，物质生活越丰富，生活对人的压抑就越强烈，因此也就越需要精神生活的补偿；科技至上对人文精神的挤压越来越强烈，异化现象扭曲了人的生命、人的精神，使人性遭到肢解，这些都呼唤着审美活动的超越、调节、补偿的功能。从某种意义上说，审美对于现代人的发展更加重要，没有了审美，人就不是全面发展的人，人就会缺乏精神生活的充实。黑格尔曾经批判物质主义，强调人的精神对于物质而言的重要性，精神的贫乏比物质的贫乏更可怕。马克思提出人要全面地占有自己的本质力量，强调自然的彻底的人道主义和人的彻底的自然主义的统一，就是要塑造健全的人、充实的人，而审美在人的整个实践过程中有着不可替代的作用。

审美活动一方面是人的生存、发展实践的需要，一方面也是以人生实践为源泉的。审美创造与审美欣赏都离不开人生实践，审美活动需要在实践中不断汲取营养，才能丰富和发展起来。就艺术创造这个审美活动来讲，艺术创造要取得真正的成功，一定要扎根于现实生活，只有从现实生活中获得了灵感，获得了材料，创造才能成功，才会有比较长远的生命。比如说法国的艺术家罗丹的《思想者》，这件作品之所以取得了巨大的成功，就是因为他截取了生活的一个瞬间，生动地刻画了一位陷入沉思者的神情体态。如果离开了对现实的深入的观察与摹刻，离开了具体的人生实践，就不可能创造出如此成功的艺术品。又如达利的《记忆的永恒》，这件作品是需要我们发挥想象才能领会的，但是要领会这样的艺术作品，仍然要立足于对现实生活的体验与领悟，这也就说明，艺术家在进行创作时，也是以生活实践中的具体感受为出发点的。再如白石老人的作品，把水、莲花、蝌蚪这些东西仅在寥寥数笔中就栩栩如生地刻画出来，每一幅画都洋溢着蓬勃的生机，这已经超越了对具体事物的描摹，而成为一种对人生、对生命的体验，成为人生实践的升华。以上这几个例子都有力地说明，艺术活动是和人生实践紧密地结合在一起的，审美活动是扎根于人生实践之中的。

因此，审美活动不仅是我们人的存在方式之一，而且是基本存在方式之一，基本人生实践之一，它不是派生的、次要的，人类没有它就不行，没有它，人也就成为非人了。整个人类要健康、全面地发展，审美活动就是不可或缺的。

（四）美是生成的，而不是现成的

海德格尔在对传统形而上学批评时指出，传统形而上学提出的问题是"存在是什么？"，这种提问方式本身就预设了存在已经存在。其实这个存在只是存在者，并不是存在本身。假设存在已经存在，实质上就把存在变成固定、现成的了。传统主客二分的认识论美学的症结亦复如是。前面已经提到，认识论美学的一个基本立足点就是预设了一个固定不变的"美"的先验存在。由于已经先在地把"美"设定为一个现成的客观的实体，所以就必须找到一个唯一的答案，为"美"下定义，从而总是追问"美"是什么、"美的本质"是什么一类问题。

我们吸收海德格尔的存在论思想，不是全盘接受，而是有批判、有选择地吸收，其中比较重要的一点就是为了吸收其生成论的思想，从而否定现成论的思想。后期海德格尔赋予了一些基础性的哲学范畴以全新的含义，如"存在"，他阐释为涌现与聚集；"真理"，他阐释为无蔽、澄明；"逻各斯"，他阐释为采集、收集。通过这种再阐释，海德格尔为哲学勾勒出一个全新的开端。他的开端就是结果的思路，为我们指出了一个思想的新境界和存在的本然状态———"在之中"，一切都是活泼泼的，万物浑然一体、相辅相成，总是处在一种生机勃勃的涌动之中；没有僵化的体系，也没有现成化的方法，万事万物总处在一种缘发状态和当下生成之中，处在永不停息的运化之中。海德格尔称这种运化为天地神人之四方游戏，并且将这种新境界总称为"Ereignis"（大道）。这种新境界，与他前期思想相比，更加具有动态的生成论性质，对我们理解美、解释美应该很有启发。我们应该用生成论而不是现成论的观点和思路来看待美，否则容易陷入本质主义。当然，我并不认为不能讨论美的本质问题，过去对美的本质的讨论，对美学也起了一定的作用。但是如果思路不变，讨论是不会有结果的。比如维特根斯坦就认为，美是没法定义的，对于像美这样不可言说的东西，就应该保持沉默。他认为"美"的意义就在使用中。这个词用于不同的场合、不同的语境含义完全不同，有时甚至相反，所以，要为美下一个永恒不变的、放之四海而皆准的定义，或者说要找到这样一个现成的美的本质，几乎是不可能的。

其实，我们的美学也不一定要去正面回答美是什么这一问题，从而给美下一个定义。这里也涉及中国在"美学"这一学科名称翻译和理解上的某种不当，当然现在已经约定俗成、无法去改变了。美学（aesthetics）一词的本义是"感性学"，不是关于"美"的学问，当然它跟美是相关的。在鲍姆嘉通那里，讲到美学是研究感性认识的完善，主要是在认识论框架里来讲感性学的。我们认为应该突破认识论框架，换一个提问方式，即可以问"美是怎样生成并呈现出来的？"。要回答美的生成问题，必须从人的审美活动入手。我们觉得任何美作为审美对象都不是现成的，而是在审美活动中现实地生成的。杜夫海纳也认为博物馆闭馆后，没有人欣赏时，里面的画就不是审美对象了——当然这幅画潜在的审美价值还是存在的。可见，只有在审美的活动当中，美才存在，才现实地生成。

这里还要回答一个问题：是先有美，还是先有审美主体？我认为只在具体的审美活动中，两者才同时现实地生成，才真正存在。比如，一些大学生在教室里听讲座，这不是在审美，他们此时绝对不是审美主体；但如果他们晚上在上海音乐厅欣赏高水平的交响乐，就有可能成为审美主体。当他们全身心地投入欣赏并被交响音乐所深深吸引时，整个演奏就不仅仅是一个音乐作品，而成了他们的审美对象，现实地生成为美向他们呈现；同时，他们那时是在审美，也就现实地成为审美主体。当然也有可能有个别人或者是乐盲，或者心境不好，或者心不在焉、在想别的事情，那么他们即使坐在音乐厅里，即使交响乐的演奏水平很高，对他们来说，演奏也不会成为审美对象，而他们此时也没有真正成为审美主体。由此可见，不但美，而且审美的人也是在审美活动中现实地生成的，换言之，审美对象和审美主体是在审美活动中同时现实地生成的。审美活动是对象和人之间的一种特殊关系，是这种特殊的关系（审美关系）的具体展开，审美活动与审美关系根本上乃是完全一致的。

在此，我要提出一个"关系在先"（"活动在先"）的原则。就是说，从逻辑上说，是审美关系和活动在先，审美主客体（美和审美的人）都是在审美关系和活动中现实地生成的。这里需要对"关系在先"（"活动在先"）的原则做一些解释。我所说的"在先"不是指时间上的先后，而是逻辑上的先后。从时间上说，美、审美主体、审美活动三者是同时产生和进行的，没法严格地去区分。而从逻辑上说，审美关系、审美活动先于美而存在。没有审美活动，就没有美，也没有审美的主体。有人曾对此有疑问，认为不是先有男的、女的，才有恋爱关系吗？我认为这是好解答的。因为男、女之间的关系可以有许许多多种，如朋友关系、血缘关系、师生关系等，不一定是恋爱关系；而从逻辑上说，只有先确定了某一种特定关系（恋爱关系），才有处于这种关系中的每一方存在。同理，审美关系（活动）也一样，只有审美关系（活动）在逻辑上先确立、先存在，才有作为审美关系（活动）中的审美主体或审美客体的一方生成和存在。

此外，对这一问题的解答也可以推及对自然美的看法。蔡仪、陆梅林等先生认为自然界中的美在没有人之前就是美的，这一看法在我看来是不可思议的。我们可以用这一原则来加以说明。在没有人之前，自然就无所谓美不美，因为在人类产生之前，根本没有也不可能形成一种自然满足人的审美需求的价值关系，即审美关系，外在于审美关系的自然事物就只是自然事物，无所谓美与不美。自然美是人类发展到一定阶段，社会文化、审美活动、各个民族的历史积累等进展到一定的阶段，人与自然开始形成某种超越实用功利关系的审美关系（或者至少是具有明显审美因素的关系），自然界中一些事物才逐渐成为审美对象或准审美对象。例如后羿射日、精卫填海等神话传说体现出当时人并没有把太阳、大海等自然对象看作美，相反是当作恐怖、灾难的对象，只是后来才逐步被作为审美对象的。这一点可以说明美是动态地在具体审美关系中生成的。没有一个客观固定的美先在地存在于世界某个地方，美只能是在现实的审美关系和活动中生成的。这就是"关系在先"（"活动在先"）的原则的基本含义。

（五）审美是一种高级的人生境界

人在各种生存实践活动中，在与世界打交道的过程中，会有各种不同的经历和体验，这些经历和体验会有着不同的层次和水准，就会形成不同层次的境界。就是说，在人与世界打交道的丰富复杂的过程之中，会形成不同层次的人生境界，其中就包含着审美境界。

中国古代文献中关于"境界"的说法非常多。境界最初是指时间和空间上的界限。但是境界的含义后来有很大的变化，清人段玉裁注"竟"（"境"的古字）曰："曲之所止也。引伸之凡事之所止，土地之所止皆曰竟。"这里，"曲之所止""土地之所止"两义自古有之，但"事之所止"却昭示出一种新识度：首先，它表明，至迟到晚清时代，"境"字已经明显从表示时空界限发展为表示人的存在状态和生活行为，即人生之境；其次，它表明，"境"是由人与世界两维构成的。"境"为"事之所止"，而所谓事，乃是人事，人的实实在在的活动行为，切身的生存实践。事的缘起、产生、发展、完成、实现、转换，都涉及人与世界的关系，包括人与自然、人与社会、人与他人、人与自我的关系。因此，境界的构成不能单从人或者单从世界来了解，而应该从广义的人生发展、从人与世界的实践关系来把握。现代意义上的境界，首先指人生境界，它主要标志着人在生存实践中的精神修养及思想觉悟程度，是人对宇宙和人生的自觉，也是人对生命意义、幸福感的感悟水平，这自然也包含人生实践中审美的境界。

关于人生境界的构成，有以下三层意思必须辨明：

　　首先，人生境界不是自然界进化而成的物质实体，也不是主体心灵自生的幻影，而是我们在上文一再强调的人与世界通过实践而达到的高度统一、一体圆融的关系；境界不仅在横向上联结着各种错综复杂的因缘关系，包括人与自然、人与社会、人与他人、人与自我等关系，而且在纵向上凝聚着现实、历史和未来的各种因缘关系；不仅有世界在，而且有人在，人和世界缺一不可。当然，这种人与世界的统一关系着重体现在人对自身生存实践的觉解与对宇宙人生意义的体悟的不同程度、层次和水平上。

　　其次，境界作为人与世界的交融统一，不是认识论层面上的主客观统一，即外在的客观物理属性与内在的主观心理意识在认识上的统一，而是存在论层面上的统一，即在人与世界相互依存、双向建构的实践活动中所达到的统一，在人向人诞生、世界向人生成的实践过程中所实现的统一。这种交融统一，体现为人依寓于世界，融身于世界，在世界中生生不息地繁忙、操劳的生活活动，体现为人与世界的实践关系。境界在人与世界的实践关系中生成。境界的本体之根深植于人生实践。

　　最后，人生境界的特点在于它的个体内在性和生成性。所谓个体内在性是指人生境界作为人们对人生意义的觉悟总是一种个人独特的内在体验，具有个体性，不期望别人也有同样的体验，它是个体由觉悟而生的内心的澄明，别人是不易发现的，因而是内在的。生成性即指非瞬间性和非凝固性，即在稳定和变化中保持一定的张力。"生成"意为正在成为、正在发生、正在变为。它表示一种动态过程，某种东西正在发生的动态过程，而且这个过程是连续不断的。因而它是一个现在进行时态。生成具有自动、自在、自然之意，不是被动地成型。

　　人生境界是人们通过自身锻炼修养、提高觉解水平而不断生成的。这里觉解是关键。在某种程度上可以说，人生境界的生成取决于人们对自身生存实践及其意义的觉解。由于觉解的不同，造成人生有多种境界、多重境界。不同的人，对生活的自觉和了解的程度是有区别的，因而，尽管每个人都面对着相同的宇宙，置身于大致相同的生活之流中，但是，生活对每个人却显示出不同的意义，从而每个人处于不同的人生境界中。冯友兰先生精辟地指出："人对宇宙人生底觉解的程度，可有不同。因此，宇宙人生，对于人底意义，亦有不同。人对于宇宙人生在某种程度上所有底觉解，因此，宇宙人生对人所有底某种不同底意义，即构成人所有底某种境界。"①他又说："各个人对于人生的了解多不相同，因此，人生的境界，便有分别。境界的不同，是由于认识的互异。"②冯先生曾据此概括出由低到高的四种境界：自然境界、功利境界、道德境界、天地境界。最后一个境界中人对宇宙人生觉解程度最高，达到跟宇宙天地化为一体，它是人的存在所能达到的最高境界。处于这一境界中的人不仅能超个人，而且能超社会，因而具有更加宽广的胸襟和眼界，"是觉解的进一步提升：自觉的理性已化为人的内在品格，因而遵循道德规范已无需勉强"③。处在这种境界中的人已经不再把各种规范作为一种束缚，而是把天地万物、

----

　　① 冯友兰：《三松堂全集》（第4卷），河南人民出版社2000年版，第496页。

　　② 冯友兰：《三松堂全集》（第11卷），河南人民出版社2000年版，第583页。

　　③ 杨国荣：《存在与境界》，载《理性与价值——智慧的历程》，上海三联书店1998年版，第436页。

自然社会的运行法则化为自己的一种内在需要，化为自己心理结构的一个组成部分，化为自己的一种血肉，于是不知不觉中与天地万物融为一体。冯先生讲四种境界，其实可能不止四种，此一学说主要是指出人生实践中会有不同的层次、不同的境界，人们可以追求并达到一个比较高的境界。需要指出的是，冯先生所讲的天地境界，同审美境界有很多共通的地方。冯先生可能不仅仅指审美境界，但是我们可以理解成是一种要求真善美高度统一的境界。我们采用冯先生的思路，也是想指出，人生实践当中，与世界打交道的过程中，会有各种不同的层次，形成各种不同的人生境界，而审美境界则是其中一个比较高层次的境界。审美有一个基本条件是要求主客体之间，或者说人与世界之间实现比较高程度的"交融"，即中国美学所说的"物我两忘""天人合一"。如果主客体始终处于隔离、割裂、矛盾的状态，那就不太可能是审美的。从心境来说，审美境界较大程度上超越个体眼前的某种功利性和有限性，达到相对自由的状态。所以，我们认为，审美境界属于比较高层次的人生境界，审美境界不同于、高于一般的人生境界，可以说是对人生境界的一种诗意的提升和凝聚，也可以说是一种诗化了的人生境界。

四、实践存在论美学与实践美学主流派的区别

最后谈一谈实践存在论美学与实践美学的关系。笔者认为这是既相联系又相区别的关系。联系在于，首先，它仍然把"实践"概念作为基本语境和范畴之一，尤其对实践是人与世界双向建构的历史过程的解释，与实践美学有共同语言；其次，实践存在论美学与属于实践美学中非主流派的

蒋孔阳美学思想一脉相承，是对后者的直接继承和发展。但实践存在论美学与李泽厚代表的实践美学主流派的思想有明显的区别，主要表现在：

第一是关于实践概念的界说。前面已经谈到，实践美学把实践界说为以制造和使用工具为标志的物质生产劳动。实践存在论美学则不同，它虽然承认物质生产劳动是最基础、最重要的实践形态，是人类生存发展须臾不能离开和中止的活动方式，但不赞同把物质生产劳动当成唯一的实践形态。实践除物质生产劳动之外，还应该包括变革现存制度的革命实践、政治实践、道德实践、审美和艺术实践以及广大的日常生活实践等。

第二，更重要的是，实践美学对实践的解释虽然注意到实践主体人的中心地位，有时用"人类学本体论"来概括，但实际上还没有完全摆脱认识论的思维框架；而在实践存在论美学看来，应该从存在论（本体论）角度把实践的内涵理解为人最基本的存在方式，理解为广义的人生实践。

第三是关于审美现象的生成性的理解。实践美学主张美与美感是在人类漫长的实践中生成出来的，人类实践发生之前，没有美与美感的存在。这一点我们完全赞同。但是，实践美学所说的生成仅限指人类总体的历史生成。如果只承认这种生成，便有可能给现成论留下地盘。实践存在论美学则不同，它所理解的审美现象的生成，除了人类总体的历史的维度，还有感性个体的当下维度。这也就是说，在实践存在论美学看来，美与美感不仅是在人类总体的实践中历史地生成出来的，而且是在感性个体生存实践中当下生成的。对于人类总体来说，离开历史实践就不会有美与美感的发生；对于感性个体来说，离开他的生存实践就不会有审美现象的出现。美与美感的终极处没有任何现成性可言。

　　第四是关于审美关系、审美活动的解释。实践美学在解释人对世界的审美关系时，隐含着主客分立在先的观念，即是说，先有审美主体和审美客体，而后有审美关系和审美活动。实践存在论美学则认为，不存在脱离具体审美关系、审美活动的审美主体和审美客体，审美主客体都是在具体的审美关系、审美活动中现实地诞生的。这就是关系（活动）在先的原则：从逻辑上讲，审美关系、审美活动在先，审美主客体在后，审美关系、审美活动是审美主客体的确定者；从事实上讲，审美关系的建构、审美活动的开展与审美主客体的生成是同步的。但无论从逻辑上还是从事实上讲，在审美关系、审美活动之前和之外，无所谓审美主体和审美客体。

　　第五是关于美学理论的逻辑建构。实践美学总体上没有完全超出认识论美学主客二分的思维方式，如李泽厚先生《美学四讲》的逻辑构架就是美—美感—艺术三大块，内中隐含着先有客观的美、再有主观的美感的主客二元对立的认识论思路，所以其虽然强调了人类学本体论的主旨，即以人为本体和中心展开论述，但在美论一开始就提出"美是什么"的问题，即使没有直接替美下定义，且对"美"的含义做了多层次的分析，然而最后还是去寻找抽象的、普遍的"美的本质"（后来改用"美的根源"），未能完全摆脱本质主义的理路。实践存在论美学则遵循上述关系在先的原则，并不正面去寻找、界定美的本质，而是以审美活动（作为审美关系的具体展开）作为逻辑起点，认为审美对象和审美主体都是在审美活动中现实地生成的。接着分别从对象形态和主体经验两个方面论述审美形态和审美经验，认为审美形态可理解为人对不同样态的美（广义的美）即审美对象的归类和描述，它是审美活动中当下生成的自由人生境界的对象化、感性表现形式和具体存在状态；而审美经验则体现为在审美活动中主体直观到了超越现实功利、伦理、认识的自由人生境界，体验到了人与世界的存在意义而产生的自由感、幸福感和愉悦感。然后论艺术和艺术活动，由于艺术最集中、典型地体现和凝结了审美活动的诸方面，因此，美学应该通过研究艺术和艺术活动来把握一般审美活动。最后落实到审美教育即美育，美育指有意识地通过审美活动，增强人的审美能力，提高人的整体素质，焕发人的精神风貌，提升人的生存境界，建构人向全面发展成长的存在方式，促进人向理想的、自由的、健康的、精神丰满的人生成。综上所述，实践存在论美学的逻辑构架是：审美活动论—审美形态论—审美经验论—艺术审美论—审美教育论。

第七章　马克思实践的存在论维度以及美学意义

　　在实践美学与后实践美学的讨论中，有学者批评笔者提出的实践存在论美学把马克思主义唯物史观"降低"到了海德格尔的存在论水平，甚至"把马克思海德格尔化"了。[①]笔者不能同意这种批评。笔者认为，不是笔者在把马克思存在论化，而是在马克思的实践学说中早已包含了存在论的维度。不过长期以来，由于种种复杂的历史原因和现实原因，这一维度或自觉或不自觉地被遮蔽了而已。本章拟对马克思实践观的存在论维度及其美学意义谈一些粗浅的看法，就教于同行方家。

---

　　① 章辉：《告别实践美学——评两种实践美学发展观》，《学术月刊》2005年第3期。

一、马克思实践观的存在论维度

众所周知，海德格尔的存在论思想在当代中国日益引起学界关注，我们在提出实践存在论美学观点时也确实曾经受到海德格尔关于"人生在世"的现象学存在论思想的启发。但是，我们真正的理论根据不是来自海德格尔，而是来自马克思。海德格尔的上述观点其实早已在马克思那里以另外一种方式即历史唯物主义实践观的方式得到表述。

由笛卡儿"我思故我在"所开启的近代认识论哲学传统，在确立人的主体性的独立地位的同时，也确立了人与世界的现成存在和两者的二元对立。具体来说，第一，它以主客二元对立思维方式为基础，首先将人与世界分为截然对立的两块，同时又将人自身截然分为感性与理性两个部分，人与世界本来丰富多样的生存关系被简化为思维与客体的认知关系；第二，按此思维方式运作，它总体持一种"现成论"思路，即将人与世界从生生不息的生成之流中抽离出来，使之双双变成现成的实体存在者，人被看作先验地具有理性能力的现成主体，世界被看作等待人去感知、认识和理解的现成客体，人与世界的关系被看作一种现成存在物与另一种现成存在物之间的认识关系。其结果便是，人与世界这两者均变成了两地分居的抽象性存在。而马克思的实践论恰恰以独特的方式在存在论维度上超越了这个传统。

马克思根本不同意这种将人与世界作为现成的、不变的主客体截然割裂开来、对立起来的主客二分的形而上学。在马克思看来，在这个"人的世界"中，既不存在永恒不变的"抽象的人"，也不存在亘古如一的

"抽象的世界"；人与世界是一体的，人在现实性上是"从事实际活动的人"，现实的、社会的人，是"处在现实的、可以通过经验观察到的、在一定条件下进行的发展过程中的人"，而"不是处在某种虚幻的离群索居和固定不变状态中的人"①；就是说，人从来不是离开世界和他人的、固定不变的现成存在者，而是在"现实的生活过程"中存在和发展的。正是人的"这个能动的生活过程"即实践，将人与世界建构成不可分割的一体，也构成了人在世界中的现实存在。

在大约八十年之后，海德格尔也对这种传统认识论的主客二分思维方式从存在论高度做过深刻的批判。在其前期代表作《存在与时间》中，海德格尔通过对存在之意义问题的探讨，对近代以笛卡儿为代表的"知识形而上学"传统的根基进行了彻底的检验和质疑。笛卡儿式的主客二分的认识论，在存在论上是错误的，缺乏存在论的根基。于是，对"此在"所作的生存论分析就构成了海德格尔现象学的基础本体论（存在论）主张，这一主张的核心命题之一就是"此在（Dasein）在世"。在海德格尔看来，所谓人的存在就是"此在在世"，也就是"人生在世"（人在世界中存在）。海德格尔把人和世界看成是一体的，人的变化带动世界的变化，世界的变化也带动人的变化，而非像认识论思维方式那样主客二分，认为世界外在于人。按照"此在在世"的观点，人跟世界是不能分离的：一方面，人生存在世界之中，世界原初就包含人在里面，人是世界的一部分；另一方面，世界只对人有意义，如果没有人，也就无所谓世界。

① 马克思、恩格斯：《德意志意识形态》，载《马克思恩格斯选集》（第1卷），人民出版社1995年版，第73页。

可见，现代存在论的核心思想不是海德格尔首创，而是早在马克思那里就明确提出了。其实，海德格尔自己已经看到了并在一定程度上承认了这一点。他说过，"纵观整个哲学史，柏拉图的思想以有所变化的形态始终起着决定性作用。形而上学就是柏拉图主义。尼采把他自己的哲学标示为颠倒了的柏拉图主义。随着这一已经由卡尔·马克思完成了的对形而上学的颠倒，哲学达到了最极端的可能性"①。海德格尔虽然没有直接提到以笛卡儿为代表的"知识形而上学"，但其实它无疑是被包括在整个形而上学传统中的，更加意味深长的是，海德格尔明确肯定"对形而上学的颠倒"是"由卡尔·马克思完成了的"。明明是马克思的实践观已经首先提出和包含了现代存在论思想，海德格尔也承认这一点，实质上这是恢复马克思实践观本有的存在论维度的努力，而不是把马克思降低到海德格尔的水平。

二、马克思存在论思想的实践性

马克思所谓的"人就是人的世界"包含的存在论思想，是以实践论为基础、通过实践而实现的，其要旨在于，作为现实的实践活动是人的基本在世方式，这种实际的生存活动彻底改变了人与世界之间对立和相互外在的关系，人与世界在这样的现实实践中获得了统一，并在此永无止息的过程中相互生成。简言之，"人们的存在就是他们的现实生活过程"，而人们的这种现实的社会生活"在本质上是实践的"。在此，实践作为人的

---

① 海德格尔：《面向思的事情》，陈小文、孙周兴译，商务印书馆1999年版，第70页。

现实生活过程就是人的存在，就是人存在的基本方式。马克思对以费尔巴哈为代表的旧唯物主义的批评似也可以从这个角度去理解。马克思指出它们的主要缺点是"对对象、现实、感性，只是从客体的或者直观的形式去理解，而不是把它们当作人的感性活动，当作实践去理解"，原因在于费尔巴哈由于把"人"看作与社会实践无关的纯然自然的、肉体的、生理的人，即抽象的人，从而否定了人正是通过实践活动建构起人与世界不可分割、相互交织的一体关系。马克思一针见血地批评费尔巴哈"把人只看做是'感性的对象'，而不是'感性的活动'，……而没有从人们现有的社会联系，从那些使人们成为现在这种样子的周围生活条件来观察人们；因此毋庸讳言，费尔巴哈从来没有看到真实存在着的、活动的人，而是停留在抽象的'人'上，……他没有批判现在的生活关系，因而他从来没有把感性世界理解为构成这一世界的个人的共同的、活生生的、感性的活动"①。可见，正因为费尔巴哈完全不懂得作为真正感性活动的实践，不懂得正是实践活动"是整个现存感性世界的非常深刻的基础"，所以，他也不懂得人只是通过实践才生成"人的世界"。据此，我们完全有理由推论：人的生活世界，即人与世界统一的"人的世界"本就生成于实践，奠基于实践，统一于实践，实践就是人生在世的基本在世方式，这些属于存在论维度的思想确实就是马克思本人的思想，而不是我们强加给他的。

而且，马克思还强调了人与世界在实践中统一的在世方式是一个不断创造、生成的过程，在此过程中，人与世界相互牵引、相互改变，在自然

①　马克思、恩格斯：《德意志意识形态》，载《马克思恩格斯选集》（第1卷），人民出版社1972年版，第50页。

与社会的互动中推动着文明的进程。用马克思自己的话说便是，"环境的改变和人的活动的一致，只能被看作是并合理地理解为变革的实践"①。这里的"变革"按笔者理解是广义上的，是指实践活动具有不断变革外部世界和人自身的革命意义。由于人的实践活动就发生在现实可触的感性世界中，所以人通过实践在改变外部世界的同时也在改变着自身（内部世界），这乃是同一个过程。就人与自然的关系而言，人在通过实践创造不断改造自然、创造着人类生存新环境的同时，也在实践中不断改造人自身（自我改变），改变人自身的"自然"和心灵，使人一步步摆脱原始状态而走向现代。正如马克思所说，通过劳动，"人就使他身上的自然力——臂和腿、头和手运动起来。当他通过这种运动作用于他身外的自然并改变自然时，也就同时改变他自身的自然，他使自身的自然中沉睡着的潜力发挥出来，并且使这种力的活动受他自己的控制"②。人的生存环境与人自身的双重改变乃是在历史性的、社会性的实践中不断实现的。正是在这个意义上，他才得出"整个所谓世界历史不外是人通过人的劳动而诞生的过程，是自然界对人来说的生成过程"③这样一个伟大结论。在此，实践与存在都是对人生在世的本体论（存在论）陈述。海德格尔的存在论始终没有达到马克思的实践论的高度，而马克思则把实践论与存在论有机结合起

---

① 马克思：《关于费尔巴哈的提纲》，载《马克思恩格斯选集》（第1卷），人民出版社1995年版，第59页。

② 中共中央马克思恩格斯列宁斯大林著作编译局编译：《马克思恩格斯全集》（第23卷），人民出版社1972年版，第202页。

③ 马克思：《1844年经济学哲学手稿》，中共中央马克思恩格斯列宁斯大林著作编译局译，人民出版社2000年版，第92页。

来，使实践论立足于存在论根基上，存在论具有实践的品格。

就这样，马克思通过对实践作为人的现实的、具体的、历史的生存活动和基本存在方式的确认，不但早于海德格尔八十年就已在存在论层面超越了主客二分的认识论传统，而且在历史感方面，也远比海德格尔对人生在世的现象学展示高明。

关于如何理解马克思的实践概念，前几章均有涉及，此处只想指出，马克思的实践概念讲的是人的社会性、历史性的存在方式，是人的具体感性的现实活动，它必然是由多层面、多维度、多样态的人的生存、生活活动所组成，物质生产劳动构成其基础部分，却不是实践的唯一或全部，因此，实践可以而且应当视作广义上的人生实践；人的日常生活活动包括学习、工作、生产、经济、政治、宗教、道德、交往、休闲、体育、艺术、审美等活动在内，都是人生实践活动的组成部分，我们人就是在各种各样的人生实践活动中生存和发展的。

三、美学意义

以上的简要探讨足以表明，我们提出实践存在论美学的主张，虽然受到海德格尔现象学存在论的启发，但主要依据的是马克思把实践论与存在论有机结合的基本思路。这一思路，对美学研究和美学学科的建设应当是有极其重要的理论意义和现实意义的。

首先，这一思路能够指导我们在美学研究中超越近代以来主客二分的认识论思维方式。因为这种认识论思维方式一是以主客二元对立为中心，必然造成一种本质主义的美学思路；二是它切断了审美活动的存在论维度，忽略了人生在世的生活活动或人生实践这一审美活动的根基；三是它把审美活动狭隘化为单纯的认识活动，即把美看作先在的、固定不变的审美客体，而美感则是现成的、同样固定不变的审美主体对美的反映和认识。马克思把实践论与存在论有机结合的思路，可以引导我们全面超越上述主客二分的认识论思维方式，为美学开辟一个实践存在论的新境域。

其次，这一思路提示我们，美学研究应当打破现成论的旧框架，建立生成论的新格局。前面已经提到，认识论美学的一个基本立足点就是把"美"作为一个早已客观存在的对象来认识，预设了一个固定不变的"美"的先验、现成存在，同样，它也预设了人作为一个固定不变的审美主体而现成存在，所以它把美学的主要任务确定为给"美"和"美感"下定义，从而总是追问"美"和"美感"是什么、"美的本质"是什么等问题。而从实践存在论出发，审美客体和审美主体、"美"和"美感"都不是现成存在、固定不变的，而是在人与世界审美关系的形成和展开中，在具体的审美活动中现实地生成的。这种生成论思路将会带来美学学科的新变革，美学的研究对象、逻辑起点、基本问题、范畴系统、框架结构等问题，都有进一步反思、变革的必要和可能。

又次，这一思路告诉我们，实践是人类的基本在世方式，艺术和审美活动也是种种人生实践中不可缺少的重要组成部分，因而也是人的基本存在方式和在世方式之一。人通过实践成为人，也通过实践得到了发展，其中就包括艺术和审美实践的作用在内。人类社会就是建立在包括艺术和审美活动在内的无限丰富的人生实践基础上的。人类文明通过实践活动得到建构和提升，作为人类文明标志之一的艺术和审美活动也在人类的实践过程中得到发展。反过来，艺术和审美活动也推进了人类实践整体的发展，推进了人类文明的建设。

再次，这一思路启发我们，在众多的人生实践中，艺术和审美活动是人走向全面、自由发展的非常重要的一个环节和因素。人如果只局限于物质生产劳动，而没有审美活动，那么其实践就是不完整的、片面的，这种实践造就的人也是片面的、不自由的。这一方面确立了艺术和审美活动在整个人生实践和人的在世方式中不可或缺的重要地位，另一方面也指明了审美这种独特的实践方式对于促进人的自由、全面发展具有不可替代的作用。

最后，这一思路还昭示我们，艺术和审美活动总体来说是一种精神性的实践活动，按照马克思的说法是一种"精神生产"，是人与世界之间的一种精神性的对话和交流。它跟物质生产劳动相比，精神性更强，在人的所有实践活动中，审美活动，尤其是艺术活动，是精神性最强的活动之一。而且，它是一种较为高级的、具有自由性和超越性的精神实践。审美活动一方面发生在广义的人生实践之中，另一方面又是对现实生活活动的超越，也是向着作为高级人生境界的审美境界的提升。在人生实践当中，在人与世界打交道的过程中，会有各种不同的层次，形成各种不同的人生境界，而审美境界则是其中一个比较高层次的境界。原因在于审美境界较大程度上超越个体眼前的某种功利性和有限性，达到相对自由的状态。所以，审美境界属于比较高层次的人生境界，审美境界不同于、高于一般的人生境界，可以说是对人生境界的一种诗意的提升和凝聚，也可以说是一种诗化了的人生境界。

总之，在实践存在论的视域下，艺术和审美活动不仅是人的一种高级的精神需要和交流方式，而且是见证人之所以为人的最基本的方式之一，是人超越于动物、最能体现人的本质特征的基本存在方式之一和基本的人生实践活动之一。

在当前实践美学与后实践美学的激烈论争中，发掘和研讨马克思实践观的存在论维度与含义，无疑可以对我国当代美学的建设和发展提供极为重要的理论启示。当然，在这个重大问题上，学界存在不同意见，是很正常的，笔者觉得是好事情。笔者希望通过摆事实、讲道理的学术争鸣，能够逐渐增加共识、减少分歧，推动21世纪中国美学的健康发展。

第八章　当代中国语境中的实践存在论美学

2009年以来，有些学者连续发表文章，对实践存在论美学进行批评和质疑，对此我们也做出了一些回应，从而在学界形成了关于实践存在论美学的论争。对这一论争，我们已进行了初步总结，并充分表明了自己的观点和态度，并在学理层面上阐明我们的基本观点。总体来看，尽管这一论争围绕实践存在论美学展开，但却涉及如何准确理解马克思的美学思想，以及在此基础上如何进一步推进中国当代美学发展等一系列问题。因此，在当代中国语境中重新反思实践存在论美学的提出以及基本论题，对于推进马克思美学思想的研究和中国当代美学的发展就显得十分必要了。

一、当代中国语境

中国当代美学的发展和发展中的论争，笔者在第一章已经详细阐述，现阶段美学的进一步发展基本都是围绕着李泽厚先生的实践美学展开的。笔者对实践美学总体上始终是肯定的，对实践美学的创立人和主要代表李泽厚先生始终是极为敬佩的。但笔者同时也认为李先生的实践美学在理论上、学术上还存在着一些严重的缺陷和局限，它最主要的局限也在第一章做了系统分析。

这里仍有两点可以进一步补充，第一点有关李先生哲学基础的"两个本体论"问题，李先生已经注意到笔者的批评，并做了回应：

前不久，好像是你们上海有人在《哲学研究》上发表了一篇文章，说我本来讲了工具本体，现在又讲了情本体，怎么有两个本体。责难我违反了马克思主义唯物论。也有人说，本体是最后的实在，你到底有几个本体？因我讲过，"心理本体"，"度"有本体性，这不又弄了两个本体出来？有四个本体了。其实，我讲得很清楚，归根到底，是历史本体，同时向两个方向发展，一个向外，就是自然的人化，是工具—社会本体；另一个是向内，即内在自然的人化，那就是心理—情感的本体了，在这个本体中突出了"情感"。所以文化—心理结构又叫"情理结构"。至于"度"，人靠"度"才能生存。……"度"具有人赖以生存生活的本体性。这三点其实说的是一个问题，也就是有关人类和个体生存延续的人类学历史本体论。①

---

① 李泽厚、刘绪源：《该中国哲学登场了？——李泽厚2010年谈话录》，上海译文出版社2011年版，第77页。

175

然而，这个回应似乎并没有多少说服力。其他本体无论如何不能和"工具本体"平起平坐，导向二元论的历史观。笔者愿意就此问题继续向李先生请教，希望能听到李先生进一步具体的阐述。

第二点是有关实践美学仍未完全超越西方近代以来主客二分的认识论思维框架，而这恰恰是中国美学要真正取得重大突破和发展的主要障碍之一。必须公允地承认，李先生对这个问题的认识似乎后来有所改变，但他始终没有明确放弃或否认把美和美感置于认识论框架内的基本思路。

应该说，实践美学也并非铁板一块，不同学者在坚持实践概念的基础上，从不同角度丰富和发展了实践美学，形成了各自独特的美学观点，这些都构成了笔者对实践美学进行反思的起点。尤其是蒋孔阳先生以实践论为基础、以创造论为核心的审美关系理论对笔者产生了直接、重要的影响。尽管实践美学当前面临很多问题，但笔者相信实践美学远未终结。当然，如果坚持旧有的主客二分的认识论框架，那么实践美学要取得突破性的新发展恐怕也是有困难的。那么，如何在坚持现有实践美学的实践哲学基础的同时，对其局限有所突破、有所改造、有所发展，就成为我们长期以来思考的重大问题。

海德格尔现象学的存在论思想曾在这方面给予我们以重要启示。海氏认为，人的存在并不是孤立地生存，而是"在世界中的存在"（In-der-Welt-Sein），也就是说，"此在在世"，即此在（人）"在世界之中存在"（"在世"）是存在论的基本命题。毫无疑问，海德格尔关于此在生存的存在论分析包含着超越主客二分认识论思维模式的重要思想。但是，真正引导我们走向实践存在论的还是马克思的与实践观紧密结合的存在论思想，海德格尔仅仅是我们走向实践存在论的一个中介或过渡。在受到海德格尔初步启发后，我们回过头来重新阅读、学习马克思著作，我们欣喜地发现，原来马克思的实践观本身就蕴含着存在论的维度，而从这一维度出发，有可能为实践美学的创新发展提供一个崭新的视域，这也就是我们提出实践存在论美学的马克思主义理论基础，而不像某些人所强加于我们的所谓直接将海德格尔的存在论充当哲学基础。

二、马克思实践概念及其美学启示

"实践"是马克思唯物史观的核心范畴之一。在马克思著作中，有两点是十分清楚的：第一，马克思继承了从亚里士多德到德国古典哲学将"实践"与"理论"作为对应、对立概念的传统，在这一框架中，实践被视作与理论（认识）相对的人的"做"（制作）、行为、行动、生活、活动等，即认识（理论）的应用和实现，以及对现实世界的改变。第二，马克思从一开始就对实践做广义的理解和应用。他把物质生产劳动看成实践概念最基本、最基础的含义，但他从来没有将实践的含义仅仅局限于单纯的物质生产劳动，而是认为实践还包含了政治、伦理、宗教等人的现实活动，以及艺术、审美和科学研究等精神生产劳动。

马克思实践观的存在论维度集中体现着以下思想：人存在着，但只是作为实践活动的主体而存在着；世界存在着，但只是作为实践的对象才有意义。抛开实践，所谓自在的存在就是没有意义的。存在的自明性被消解了，而实践作为存在的逻辑前提被确立起来，实践作为一切属人存在的现实前提也被确立起来。这一确立本质上是为存在论的诸问题进行奠基。在

177

传统本体论中被视为自明的"存在",从此建立在实践的基础之上,实践概念成为存在论的基本、核心的概念。这样,马克思的实践观和存在论就紧紧地结合为一体了。在这里,实践是观念的本原,也是存在论诸问题的逻辑前提。因此,存在论思想并不是海德格尔的专利,而是内在于马克思的思想之中。而且,由于马克思的存在论是以其实践观为基础的,从而在一开始就不仅早于而且高于海德格尔的此在存在论。对马克思实践概念存在论维度的发掘与思考,成为我们提出实践存在论美学的基本依据。正是在此基础上,通过和笔者的几届学生的反复讨论,我们逐步形成了实践存在论美学的一些最基本的观点:

第一,实践是人的存在的基本方式。这时的实践是广义的人生实践,它不仅包括作为基础性实践的物质生产劳动,还包括各种精神生产活动,包括艺术和审美活动。

第二,审美也是人基本的存在方式和人生实践之一。审美活动是人走向全面、自由发展的非常重要的一个环节和因素,是人的一种高级的精神需要。它是人与世界的关系由物质层次向精神层次的深度拓展,也是见证人之所以为人、人超越于动物、最能体现人的本质特征的重要存在方式之一。

第三,美学以人与世界的审美关系及其现实展开即审美活动为研究对象。我们认为,不存在脱离具体审美关系、审美活动的现成审美主体和现成的审美客体,审美主客体都是在具体的审美关系、审美活动中现实地生成的。这就是说,在审美活动中,审美客体(美)与审美主体(美感)才同时现实地生成。因此,实践存在论美学就把审美活动(审美关系的现实展开）而不是美和美的本质作为美学研究的主要对象和逻辑起点。这是我们试图在美学研究对象上超越主客二分思维模式的具体尝试。

第四，以生成论的美学思想取代现成论的美学思想。我们认为，用主客二分的现成论的思考方式是无法解决美学基本问题的，美只能在具体现实的审美活动中动态地生成。这时，美学的思考方式就不再是问"美是什么"而是问"美何以存在""美如何生成"，从而展现出生成论的美学思想。

第五，审美是一种高级的人生境界。人在各种人生实践活动中，在与世界打交道的过程中，会形成各种与世界的统一关系，这些关系着重体现在人对自身生存实践的觉解与对宇宙人生意义的体悟的不同程度、层次和水平上，从而会形成不同层次的人生境界，而审美境界是其中一个比较高层次的境界。它能在较大程度上超越个体眼前的功利性和有限性，达到相对自由的状态。

实践存在论美学从存在论的角度理解实践概念，将广义的人生实践作为人的基本的存在方式，强调在实践活动中才具体地展开人及其整个世界。我们认为，这一思路对于突破现有实践美学的理论局限具有重要意义。

首先，这一思路能够帮助我们在美学研究中超越近代以来主客二分的认识论思维方式。认识论的思维方式势必带来本质主义的美学思路，切断了审美活动的存在论维度，将审美活动就狭隘化为单纯的认识活动。实践存在论美学试图立足于存在论的人生实践，能全面超越上述主客二分的认识论思维方式，从而为当代美学的发展提供一个新的思路。

其次，我们强调美学研究应当超越"现成论"的旧框架，构建"生成论"的新内核。生成论思路将会带来美学学科的新变革，将美学的研究对象、逻辑起点、基本问题、范畴系统、框架结构等问题，都带入进一步反思，产生变革的可能和必要。

最后，在实践存在论美学看来，实践是人类的基本在世方式，艺术和审美活动也是人生实践中不可缺少的重要组成部分，因而也是人的基本存在方式和在世方式之一。人通过实践成为人，也通过实践得到了发展，其中就包括艺术和审美实践的作用在内。人类社会就是建立在包括艺术和审美活动在内的无限丰富的人生实践基础上的。人类文明通过实践活动得到建构和提升，作为人类文明标志之一的艺术和审美活动也在人类的实践过程中得到发展。反过来，艺术和审美活动也推进了人类实践整体的发展，推进了人类文明的建设。而且，更重要的是，实践存在论美学依据马克思主义关于人的现实存在就是他们的现实生活即实践的过程的观点，强调美学和审美活动必须回到人们的现实生活中，走向人们的日常生活实践，这对于美学改变局限于狭隘的理论和专家的学术圈子内的现状，与人们的现实生活、与大众文化更加紧密地结合起来，有着重要的意义。

可以说，马克思的存在论视域的引入，使得实践存在论美学在坚持实践概念的核心地位的基础上，体现出现代美学的思想品格，也进一步凸显出马克思美学思想的当代意义。

三、实践存在论美学与中国当代美学发展

中国当代美学发展向何处去的问题，是学界一直在思考的问题，我们

的实践存在论美学就产生于这一语境之中。应当说，实践存在论美学的提出，最初受到海德格尔存在论思想的启发，更主要的思想来源则是对马克思的与实践观紧密结合的存在论思想的认真学习和重新理解。实践存在论美学是我们在此基础上对中国当代美学，尤其是实践美学进行长期思考、研究的结果。在研究过程中，很多理论观点都是在和笔者的多届学生共同学习、讨论中形成的。因此，实践存在论美学确确实实是"集体创作"的结晶。

立足于中国当代美学的独特语境，实践存在论美学在马克思的存在论这一新的理论视域中提出并思考了当前美学可能的突破之途，从而体现出马克思主义美学、中国美学、现代美学的多重学术上的追求。

首先，我们在研究中始终立足于马克思的经典文本，坚持通过严格细致的文本分析展开对马克思文本的解读，并自觉地将我们的解读放在整个西方思想传统和马克思主义美学根本的、伟大理论变革进程中，从马克思思想发展的整体性出发理解马克思的美学思想。因此，我们反对所谓"两个马克思"的神话，反对将《巴黎手稿》与马克思之后的著作对立起来的做法。在我们看来，《手稿》中已经体现出马克思实践论思想的存在论维度，而正是这一点不仅与马克思后来的思想发展相一致，而且成为今天美学建设的有力支撑。它使我们有可能突破长期以来对马克思的教条化、工具化、机械化的理解。正是在这一点上，实践存在论美学以马克思的实践概念为基础，从其存在论维度出发提出并思考美学问题，体现出鲜明的马克思主义美学的理论追求。

其次，在当前发掘和研讨马克思实践观的存在论维度，无疑可以对中国当代美学的建设和发展提供极为重要的理论启示。前面提到，20世纪90年代以来，学界对实践美学提出了很多批评，平心而论，其中一些批评不乏合理之处，实际上也暴露出我们长期以来对马克思及其实践概念理解上的片面化、狭隘化倾向。实践存在论美学就产生在这一特定语境之中，它认真思考了马克思的实践概念，并充分重视后实践美学对实践美学提出的挑战，力图应对这些批评和质疑，在此基础上思考中国当代美学的突破之途。在这一过程中，我们充分重视实践美学已经取得的理论成果，也充分注意到了后实践美学对实践美学批判的合理内核，并试图在此基础上提出我们自己的理论思考。在这一点上，实践存在论美学体现出对这一独特的中国语境的尊重。在我们看来，这也是未来中国美学发展所必须面对和尊重的独特语境。

同时，在理论建构中，我们努力尝试将理论思考与中国传统美学相互参照、融通。如实践存在论美学关于审美是一种基本的人生实践的观点，关于审美境界是一种高级的人生境界的观点，尽管都是从实践概念出发进行论述，但这些思考都具有深层次的中国传统美学的思想背景。正是通过这些努力，我们希望凸显出实践存在论美学作为当代中国美学的独特的思想品格，也希望它能接续中国古典美学的传统，在审美中体现出中国独特的思维方式和审美追求，成为中国美学传统与现代对话的一个有益探索，从而为中西美学的交流、互动和融通以及美学理论的中国化提供某些新的可能。当然，这方面目前还只是初步探索，还有很多工作需要做。

在我们看来，未来中国美学的发展，应当立足于中国美学的整体发展之中，立足于马克思主义中国化的历史进程之中，体现出中国当代的特定语境，提出并思考中国独特的美学问题。实践存在论美学在这方面做了一些初步的尝试，当然还远远不够。

最后，实践存在论美学曾经受到海德格尔基础存在论思想的某些启发，对此我们并不否认。而恰恰是这一点，促使我们从存在论的视域出发，重新学习和解读了马克思的《巴黎手稿》及其他著作，使我们得以发现马克思的思想本身就蕴含着存在论的维度，只不过在我们文艺学、美学界之前的阅读和研究中并未受到足够重视。在这种重新学习中我们也很高兴地发现，其实中国哲学界走在了我们前面，对马克思著作包括后期著作中客观地存在着存在论思想，哲学界的多数学者实际上有了某种程度的共识，而且他们把马克思的存在论思想看作马克思哲学革命主要标志。这对实践存在论美学客观上构成了极大的支持。而且，通过这一存在论的解读，恰恰能够把马克思放在整个西方思想传统的整体发展之中来审视，也能够进一步凸显马克思思想的现代意义，凸显西方传统哲学向现代转型过程中马克思哲学思想的开创性地位。在这样一个学术语境中，实践存在论美学的提出，就我们主观想法而言，也有追求现代美学的思想品格的意图。它关于审美生成论的思想，关于实践活动逻辑在先的思想，都体现出美学的某种现代指向。而这一切，又都是在马克思实践概念的存在论维度的基础上获得的。

毋庸讳言，目前实践存在论美学还远未成熟，更谈不上形成一个完整的体系，其中还存在许多不完善之处。一些基本思想在许多问题上还没有贯彻到底，还包含着很大的思考空间和可能，也还可能会有许多改进和变化。因此我们一直在强调，目前只是"走向实践存在论美学"，而且这个

"走向"过程是漫长的，甚至是无止境的。就此而言，实践存在论美学是开放的而不是封闭的，是进行中的、未完成的。所以，我们非常欢迎学界的批评和指正，这对于我们进一步深入学习和思考马克思美学思想和实践存在论美学有很大帮助。

在论争中，我们重新认真学习了马克思的经典著作，也更加坚定了对实践存在论美学的理论信心。我们相信，实践存在论美学所体现出的现代存在论基础及其超越二元对立的理论自觉，有可能成为促进中国当代美学发展和建设的有益尝试之一。李泽厚先生的实践美学在今天仍然具有进一步开掘的理论潜力。那种无视实践美学的自我突破与创新、简单宣告实践美学整体上已经"过时"或"终结"的观点是不合适的、武断的；同样，固守对马克思主义美学思想的教条化和僵化的理解、拒绝与当代学术思想进行沟通与对话的做法，看起来是在坚持马克思主义美学的基本原则，实际上只会使马克思主义美学脱离现实语境，并最终把马克思主义美学的发展引入死胡同。据此，笔者认为，那种对实践存在论美学的主要观点缺乏基本了解却加以粗暴的有时是政治化的指责的做法，是极其不负责任的，也无济于中国当代美学的建设和发展。

实际上，两年来的论争也充分表明，在当前中国美学界，坚持主客二分的思维方式仍然占有很大的市场。当然，这些并不是学界的主流。对于中国美学未来向何处去的问题，国内许多学者也都做出了自己的尝试并取得了可喜的成果，比如高等教育出版社就出版了好几种不同思路、观点的美学理论教材；北京大学出版社推出了叶朗先生所著的《美学原理》。这种多元发展的态势对于中国美学建设来说实在是一种非常好的局面。就是实践美学自身也可以有，事实上也已经有多元发展的趋向，比如，邓晓芒先生、张玉能先生各自提出的"新实践美学"就体现了这一点。笔者相信中国美学未来的发展前景是非常广阔的，也是非常令人期待的。